7전8기
무릎경영

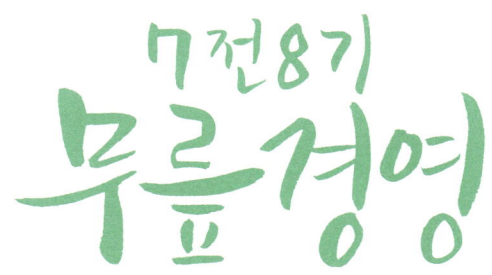

# 7전8기 무릎경영

Kneeling Management

최복이 지음

교회성장연구소

## 추천사

　우리는 우연히 이 땅에 존재하게 된 것이 아닙니다. 하나님께서는 창세전에 그리스도 안에서 우리를 택하시고, 각 사람을 향한 목적과 계획을 가지고 그 삶을 인도하고 계십니다. 그러므로 하나님을 믿는 사람은 자신의 인생을 귀하게 여기며 언제나 꿈을 품고 살아야 합니다. 그러면 성령님께서 그 꿈에 역사하시고 꿈을 통해 우리의 삶을 이끄시는 것입니다.

　꿈을 가진 사람은 어려움이 다가와도 무너지지 않습니다. 꿈을 붙잡고 믿음으로 다시 일어서는 것입니다. 본서의 저자, 최복이 대표는 하나님 안에서 꿈꾸는 사람입니다. 그는 인생의 가장 어려운 시기를 지나면서 아프고 가난한 이웃들에게 나누고 베푸는 삶을 꿈꾸게 되었다고 말합니다. 그러한 꿈이 있었기 때문에 모든 어려움을 딛고 일어나 건실한 기업을 세우고, 또 하나님께서 맡기신 사역도 충성스럽게 감당하고 있는 것입니다.

꿈을 가진 사람은 또한 기도합니다. 그는 인생의 극한 고난을 지날 때 "…할 수 있거든이 무슨 말이냐 믿는 자에게는 능히 하지 못할 일이 없느니라"(막 9:23), "내게 능력 주시는 자 안에서 내가 모든 것을 할 수 있느니라"(빌 4:13)는 말씀을 계속해서 입술로 선포하며 기도의 무릎을 꿇었다고 고백합니다. 성경은 "사람이 마음으로 자기의 길을 계획할지라도 그의 걸음을 인도하시는 이는 여호와시니라"(잠 16:9)고 말씀합니다. 우리 인생을 주관하시는 하나님께 맡기고 기도하면 하나님께서 일을 이루시는 것입니다.

이 책에 담긴 그의 진솔한 이야기들은 많은 사람들에게 꿈과 위로와 용기를 줄 것이라 생각합니다. 아무쪼록 많은 분들이 본서를 통해 다시 꿈을 꾸고 힘과 용기를 얻게 되기를 바라며, 살아계신 하나님의 사랑과 계획을 자신의 삶에서 목도하게 되시기를 기도합니다.

2016. 11.
여의도순복음교회
원로목사

## 머리말

## 무릎으로 쓴
## 러브레터를 드리며

하나님께 가까이함이 내게 복이라
내가 주 여호와를 나의 피난처로 삼아 주의 모든 행적을 전파하리다
(시편 73:28)

"주님 미안합니다…."

예순이 다 되신 아프리카 우간다 여선교사님의 주님을 향한 이 깊은 고백이 요즘 제 가슴에 여운으로 맴돕니다.

"주님 죄송합니다…."

언더우드 동상을 둘러보고 양화진 선교사 묘원으로 이동하여 그들 앞에 섰을 때 지친 선교사님들의 발을 닦아 드리겠다고 늘 고백하며 다짐하는데 요즘은 왜 그렇게 죄송스러운 마음이 드는지 모릅니다.

주님의 은혜로 살아온 30년을 돌아보며 '나의 신앙, 나의 사명'

을 한 번 더 마음에 새기고 남은 생애를 좀 더 주님 앞에 신실하게 살고 싶습니다.

제 인생의 주제는 '약함이 곧 강함이다.' 입니다.

무엇 하나 건질 것 없는 저를 택하셔서 오직 주님의 십자가 은혜로 구원의 반열에 들게 하시고, 긴 시간 연단과 훈련, 눈물의 기다림 끝에 겨우 주님 뜻에 순종하는 법을 배우게 하시고 하나님의 선한 도구로 쓰임 받게 하십니다.

저는 본죽을 만든 기업인이면서 시인입니다.

본사랑 재단으로 어려운 이웃들을 섬기는 일도 하고,

본월드미션으로 선교사님들의 발을 닦이는 사명을 감당하고 있습니다.

하나님의 꿈이자 저의 사명이기에 감사하기만 합니다.

올해 기독교 잡지 인터뷰를 몇 차례 하다가

"혹시 누군가 책 만들자는 얘기를 하면 내보겠습니다." 기도하던 차에 때마침 "책 쓰셔야겠네요." 하는 제안을 받고 러브레터를 쓰는 마음으로 썼다 지웠다를 거듭했습니다.

'온 천하에 다니며 만민에게 복음을 전파하라'는 주님의 명령을 따라 써보자고 마음을 다잡았지만 두렵고 떨리기만 합니다.

이 책은 약하고 부족한 자의 기도경영, 무릎경영에 대한 이야기입니다. 끊임없는 무릎기도와 성령의 인도가 자기경영, 가정경영, 기업경영을 성취하고 관통해 왔음을 고백하고자 합니다.

2002년부터 15년간 성장해 온 본죽 기업의 행보와 함께 하나님의 일하심과 우리의 간증을 기록에 담았습니다.

지금이 있기까지 동행해 준 최고의 지지자, 러닝메이트인 김철호 회장과 보석 세 딸들에게 무한한 감사드립니다.

여전히 시행착오를 겪는 과정 중에 있지만 밀알이 되라는 사명을 주시고 기독교 기업에서 선교그룹으로 열매를 맺게 하신 하나님의 은혜를 함께 나누기 원합니다.

예쁜 옷을 입혀 주신 교회성장연구소에 감사드리고 오직 하나님의 영광만 드러나기를 기도합니다. 독자 여러분들께도 무릎으로 가는 길의 기쁨이 있기를 간구합니다.

무릎으로 사는 청지기
최복이 드림

약할 때 강함 되시네
나의 보배가 되신 주
주 나의 모든 것
주 안에 있는 보물을
나는 포기할 수 없네
주 나의 모든 것

# Contents

츠천사 ..... 04
더리말 ..... 06

 **서막**

## 시작은 미약하나

그 새벽의 기도와 찬송 ..... 15
돈 꾸러 다니던 시절 ..... 21
성령세례와 방언 ..... 22
밀알이 되어라 ..... 24
선한 부자 소원 ..... 26
짧은 축복 ..... 27
총체적 고난 ..... 28
호적장사의 100만 원 ..... 39
눈물의 돈가스 ..... 40
하나님 자녀이게만 해주세요 ..... 43
3분 설교와 스피커 훈련 ..... 45

 **2막**

## 거듭된 혁신과 기업 문화 세우기
## - 성경적 가치경영

위기관리 : 불만OO과 추적OO ..... 77
혁신, 전혀 다른 기업으로 :
사람과 시스템 ..... 86
성경적 가치경영 : 6대 핵심 가치 ..... 88
SM과 TM의 팀워크 ..... 92
본죽인으로 세우는 기업 문화 ..... 94
본사모 : 본죽을 사랑하는 모임 ..... 98
경영원칙 : 섬김과 화평 ..... 100
본브랜드연구소 : 제2브랜드 본비빔밥 ..... 100
글로벌 브랜드 : 본죽&비빔밥 ..... 104

**1막**

## 축복의 통로, 본죽
## - 하나님이 주신 꿈의 태동

창업 스토리 : 고난은 가장된 축복 ..... 51
15가지 메뉴의 탄생 ..... 53
후미진 골목 2층의 본죽 1호 ..... 59
낮에는 장사, 밤에는 시뮬레이션 ..... 64
인생은 다모작, 둘 다 하세요 ..... 69

 **3막**

## 해외진출과 새로운 사명
## - 가치 기준의 재정비

해외사업 : 훈련과 수업료 ..... 109
하나님만 바라보게 하는 시간 ..... 127

## 4막

### 사랑의 통로, 본사랑재단
### - 이웃 사랑

| | |
|---|---|
| 길에 누운 사람들 | 145 |
| 노숙인 섬김 프랜차이즈 | 147 |
| 하나님께 드린 직영점 | 148 |
| 멜린다 최 | 150 |
| 본사랑죽 | 153 |
| 쪽방촌 문화교실 | 154 |
| 장애인 축구단과 장애인 댄스대회 | 157 |
| 이 땅에 굶는 아이들을 도우라 | 160 |
| 본사랑 섬김 사업 | 162 |

## 5막

### 복음의 통로, 본월드미션
### - 하나님 사랑

| | |
|---|---|
| 본월드미션과 동역자들 | 170 |
| 선교사님들의 현주소 앞에서 | 173 |
| 방 한 칸의 섬김부터 | 175 |
| 선교사들의 발을 닦이라 | 176 |
| 기독교 기업 to 선교그룹 | 178 |
| 비즈니스 선교의 꿈 : | |
| 본죽&도시락 카페 | 180 |
| 우크라이나 선교매장 오픈 | 184 |
| 하나님의 행적을 전파하리이다 | 186 |
| 본월드미션 섬김 사업 | 189 |
| 제자의 길 | 191 |

## 6막

### 하나님의 사랑을 연습하는 곳,
### 가정

| | |
|---|---|
| 나의 사랑 수호천사 | 197 |
| 어머니의 기도유산 | 201 |
| 세 딸들 이야기 | 203 |
| 사명, 무릎으로 가는 길 | 212 |

### 또 다른 소통의 창, 시(詩)
**부끄러운 시인**     219

간절함 / 부끄러운 시인 / 엄마가 딸들에게 /
하나님께 드리는 감사 편지 / 오늘 감사하는 것 /
사랑의 우물 / 장사익 공연을 보고 — 꽃구경 /
삶이 나에게 / 나의 나 된 것은 / 참 고맙참 은혜

맺음말     238

## 서막

# 시작은 미약하나

그 새벽의 기도와 찬송 / 돈 꾸러 다니던 시절 / 성령세례와 방언 / 밀알이 되어라 / 선한 부자 소원 / 짧은 축복 / 총체적 고난 / 호떡장사의 100만 원 / 눈물의 돈가스 / 하나님 자녀이게만 해주세요 / 3분 설교와 스피커 훈련

서막

# 시작은 미약하나

사랑하는 자여 네 영혼이 잘됨 같이
네가 범사에 잘되고 강건하기를 내가 간구하노라
(요한3서 1:2)

## 그 새벽의 기도와 찬송

'콩밭 메는 아낙네'들이 사는 충남 청양, 나는 일곱 장수가 나온 다는 한겨울의 칠갑산 아래에서 태어났다. 문전옥답이 펼쳐진 우리 동네는 20여 가구의 최 씨들이 모여 사는 조촐한 집성촌이었다. 조부모님과 부모님 그리고 올망졸망 13남매가 사는 우리 집은 종가댁이었다. 대가족에 지나가는 거지와 나그네, 먼 친척 손님들로 항시 북적거렸다.

종부인 어머니는 원래도 큰손이셨지만 가족과 식객들을 챙기느라 손이 더욱 커지고 빨라졌다. 집에 온 손님은 누구 하나 빈손으로 보내는 법 없이 쌀이며 팥을 꼬박꼬박 들려 보내시는 분이었다. 식구들 끼니는 물론 동네의 대소사 때도 음식 만드는 일을 진두지휘하시곤 했다. 나는 안타깝게도 음식 솜씨야 어머니만 못하지만, 다행히도 손이 큰 것과 손님을 대접하는 마음은 닮았다.

집에는 사당이 있고, 선산에는 사찰이 있으며, 고모 중에는 스님이 계시는 불교 집안에 제사를 드리는 유교적 분위기 또한 다분했으니 나는 대학교 때까지 한 번도 교회를 가본 적이 없었다. 우리 집을 아는 친구들은 누구 하나 교회 가자는 말 한번 붙이지 않았으니 교회는 가서는 안 될 장소쯤에 속했던 것 같다.

찬송가는 들어본 적도 없고, 성경이라고는 초등학교 5학년 때 특별활동으로 든 고전읽기 반에서 구약이야기와 신약이야기를 읽었던 기억이 어렴풋하지만, 그때는 그게 먼 나라의 신화나 전설의 고향 얘기 같기만 했다.

나는 혼자 책 읽고 상상하기를 좋아하는, 평범하고 소극적인 시골 아이로 자랐다. 나중에 어른이 되면 시를 쓰거나 이야기를 짓는 작가가 되고 싶었다.

 스무 살, 대학 1학년 때 김철호 선배를 만났다. '천둥 치는 운명처럼' 만난 것 같지는 않고 그냥 충남대 국문학과 82학번과 83학번, 캠퍼스 커플로 만나 가까워졌다. 씩씩하고 책임감 있는 남자와 까만 눈망울의 조용한 여자가 사귄 지 1년쯤 지났을까, 애인이 있다는 소리에 선배의 어머니는 '조만간 집에 한번 데려와 봐라.' 하고 초대하셨다. 놀러 오라시니 가보자 했지만 왠지 두근거리는 마음을 안고 서천으로 내려갔다.

 예비 시어머니의 첫인상은 사뭇 완고하고 무서워 보였다. 나를 그리 반기시는 눈치도 아니었다. 서른여섯에 혼자되어 서천장, 한산장 등 여러 장터를 돌며 포목장사로 1남 4녀를 키워 내신 강한 분이셨으니 남편 같은 아들 하나에 대한 기대와 집착이 대단하셨다. 나중에 들으니 시어머니도 내가 조그맣고 까무잡잡하다고 내키지 않으셨다는 거다.

 먼 길이라 금방 올라올 수 없어 어머니의 방에서 하룻밤을 묵게 되었다. 살짝 밀쳐 내는 느낌을 안고 한방에서 자야 되니 무척 부담이었다.

 새벽녘쯤, 손과 발을 스치는 선득한 느낌에 눈을 떴다. 희부연 속에 무슨 노래가 들렸다. 어머니는 내 머리와 손을 쓰다듬다가 내 이름도 부르고 자식들 이름도 하나씩 불러 가며 기도하시는 게 아닌가? 난생처음 듣는 찬송가와 기도였는데 전혀 싫지가 않았다. 지금은 나도 자주 부르는 '나의 갈 길 다가도록', '지금까지 지내온 것', '은혜가 풍성한 하나님은' 이런 곡들이었다.

신자가 아니어도, 설명이 없어도 느껴지는 지극한 사랑, 은근하면서도 은혜로운 충격이었다.

'이 자그마한 여인이 혼자 다섯 아이를 키워 온 힘은 바로 저 기도와 찬양이구나. 저게 어머니의 아우라구나.'

진심 어린 기도와 간절한 찬송이 하늘로 올라가는 것 같았다. 그런 성스러운 기운에 감동을 받아 나도 모르게 이런 결심을 하게 됐다.

'나도 나중에 이렇게 기도하는 어머니가 되어야겠다. 기도하는 아내가 되어야겠다.'

세상에서 처음으로 들어보는 어머니의 찬양과 기도가 나한테 똑똑똑 떨어져 첫 번째 씨앗이 되었다. 고요하고 거룩한 새벽이었다. 나중에 '그 새벽에'라는 시로 기록하게 됐다.

새벽을 깨우며

어머니가 불러 주시던 찬송 소리

상처 많은 나는

　　영혼의 깊은 위안을 얻었다.

　　(…)


　　살다가

　　서운한 일 일어날 때면

　　그 새벽 그 기억이

　　가슴 앙금을 흔적 없이 날려 준다.


또 하나 나를 놀라게 한 장면은 밥상에서 펼쳐졌다. 남자, 여자 따로 모여 조용하고 근엄하게 식사만 하는 우리 집과는 달리 오남매가 조르르 둘러앉아 오순도순 도란도란 웃고 얘기하며 어머니와 장난까지 치는 희한하고 진기한 풍경이라니! 딸들도 나도 '아가, 아가' 사랑스럽게 불러 주시는 따스함이 있는 집이라면…. '나도 빨리 이 집에 일원이 되고 싶다.'는 생각이 들 정도로 부럽고 좋았다.

　어머니를 따라 시장에 가서 장사하고 손님들과 대화하는 모습을 보면서 무섭고 엄한 첫인상은 다 날아가 버렸다. 오히려 모태 신앙인 선배가 더욱 사랑스럽고 대단해 보였다. 그렇게 방학 때마다 선배 집에 내려갔다.

학교로 돌아와 3학년 때쯤 "선배, 저 교회 한번 데려가 줄래요?" 해서 교회라는 신세계에 첫발을 디뎠다. 선배가 가끔씩 가자고 할 때는 적극 안 가던 곳이었다. 도통 무슨 소린지 모르겠는 말과 반복되는 순서로 가득한 예배. '좋은 강의 한번 들으러 간다.'는 셈치고 청강 삼아 간 나의 교회생활은 어리둥절, 어리바리 시작됐다.

4학년 말, 6개월 방위를 마친 선배와 나는 결혼을 했다. 나는 스물셋, 남편은 스물넷.

양가 부모님들이 선배나 나나 고향에서 떨어져 객지 생활하고 있으니 어서 짝을 지어 줘야 한다고 서두른 결과다. 나 또한 하루라도 빨리 복잡하고 무거운 우리 집을 벗어나 그 집의 식구가 되고 싶었다. 새로운 삶과 환경에 대한 간절함이 결혼으로 마무리 지어졌으면 하고 바랐다. 어른들이 농담 삼아 하시던 "날 잡자"는 얘기를 냉큼 잡아서 우리는 결혼을 해버렸다. 축복받던 우리의 결혼식은 기나긴 롤러코스터 랜드의 첫 입장식이었다.

## 돈 꾸러 다니던 시절

결혼 후 취직하지 말고 사업을 해보자 하며 시작한 것이 출판업이었는데, 대학 교수들의 책을 주로 출판하는 대학출판사라 수요층이 한정적이다 보니 잘 되지 않았다. 이번에는 비슷하면서도 나은 종목을 찾아봤다. 후에는 수요도 넓고 지속성 있는 학습지 회사를 인수하여 방문학습사업을 했다. 하지만 이 역시도 어머니가 주신 투자금을 날리고 망했다. 거기서 멈추지 않고 다이아몬드 수입, 인삼제품 제조판매, 목욕용품 판매 등 끊임없이 사업을 시도했다가 엎어졌다.

돌 지난 첫아이를 데리고 대전에서 부천으로 독립을 했다. 보증금 100만 원에 월세 5만 원짜리 단칸방이었다. 남편은 계속 새로운 일을 벌였는데 잘 안됐다. 나는 나대로 애 업고 돈 꾸러 다니는 나날들이 이어졌다. 남편은 저지르고 나는 수습하고, 지인에게 돈 부탁하고 거절당하는 게 일상다반사였다.

집이 비좁아 막상 아이를 업고 나오면 정작 갈 데가 없었다. 그나마 다행히 집 근처 시장에는 문이 항상 열려 있는 개척교회가 있었다. 내 절박한 상황과 찢어진 마음을 토로하며 울 곳은 교회뿐이었다. 남편 사업이 금방 잘되는 일이 아니라서 잘될 때까지 힘을 달라고 오래 기도할 수밖에 없었다. 그러면서 주님만 의지하는 시간, 하나님과 더 깊이 친밀해지는 시간도 길어졌다.

## 성령세례와 방언

스물여섯살 때, 나는 신앙의 귀인을 만났다.

가난하고 자존심만 센 나를 구역예배에 나오게 하려고 애쓰시던 김영희 구역장님. 선데이 크리스천으로 나 홀로 기도하고 성경 보는, 연약한 신앙생활을 하고 있을 때였다. 집사님이 매일같이 방문을 하니 처음엔 너무 귀찮았지만 차츰 그분의 진심을 알게 됐다.

'이분이 정말 나를 사랑하나 보다. 그리스도인의 섬김이란 게 이렇게 대단하구나.'

나를 동생처럼 대해 주시는 언니 같은 집사님의 정성과 수고에 감복해 버렸다. 친구 따라 강남 간다고 수요, 금요예배며 구역예배, 여전도모임, 철야기도, 산기도까지 힘들다 힘들다 하면서도 따라다녔다. 예배 때 부른 찬송이 내 입에 매달려 집에서도 내내 부르게 됐다. 한숨으로 시작한 찬송이 호흡이 되고 고백이 되고 기도가 됐다.

'아 하나님의 은혜로 이 쓸데없는 자

왜 구속하여 주는지 난 알 수 없도다.

내가 믿고 또 의지함은 내 모든 형편 아시는 주님

늘 보호해 주실 것을 나는 확실히 아네.'


간증과 방언의 행진 속에서 하나님의 신비를 만났다. 처음에는 '랄랄라 랄랄라' 하는 이상한 말소리에 너무 놀라서 집단 도취나 주술적 현상으로만 보였는데 차츰 나도 방언기도를 선망하게 됐다.

'어떻게 하면 나도 저런 하나님의 언어를 가질 수 있을까?'

그때만 해도 남을 많이 의식하는 사람인지라 저렇게 알 수 없는 소리를 계속하는 것이 감당이 안 됐지만, 속으로는 많이 부러웠다. 주님과 직접 대화하는 듯한 특권층, 선택받은 소수자들만의 밀어(密語) 같았다.

철야기도를 드리고 온 어느 토요일 아침이었다. 갑자기 기도하고 싶은 마음이 간절했다. 작은 방에 들어가 기도를 하려고 앉았는데 내 귀에 새로운 언어가 들리는 게 아닌가. 나도 모르게 방언기도를 하고 있었다.

'아, 하나님이 나를 직접 만나 주시는구나. 어떻게 말하지 않았

는데 내 마음을 이렇게도 잘 아실까?'

> 내가 날 때부터 주께 맡긴 바 되었고 모태에서 나올 때부터 주는 나의 하나님이 되셨나이다(시편 22:10)

나보다 나를 더 잘 아는 분이 하나님이라는 걸, 하나님은 정말로 살아서 나와 상관하고 계시다는 걸 그때 체험했다. 이렇게 초라한 나도 사랑하신다는 걸, 내 마음과 기도를 보고 들으신다는 걸 온 영혼으로 깨닫게 되니, 나 또한 기쁨에 벅차서 하나님을 사랑한다고 고백했다. 특별한 은혜와 사랑이 내게 부어지니 말로 표현할 수 없는 기쁨이 내 온몸을 둘렀다. 말로만 듣던 성령세례를 나도 체험한 것이다!

## 밀알이 되어라

성령세례 이후부터 나의 새벽기도는 바뀌었다.
"하나님, 어떻게 해야 주님의 이 큰 은혜와 사랑을 갚으며 살 수 있을까요?"
'…를 해주세요, …를 도와주세요.' 부르짖던 기도가 아니었다.

한량없는 은혜, 갚을 길 없는 은혜에 마음이 뜨거워진 나는 이런 서원기도를 드리고 있었다.

"아버지, 제 인생을 하나님께 다 드리겠습니다."

그때만 해도 그 기도가 얼마나 큰 의미인지 잘 몰랐다. 그런데도 새벽기도, 철야기도, 산 기도를 다니면서 "저를 하나님 일에 사용해 주세요. 저도 주님의 도구가 되고 싶어요." 하며 내 마음을 드렸다. 의외로 하나님의 응답은 짧고 소소했다.

'너, 밀알이 되어라'

기도만 하면 밀알 카드를 꺼내 드셨다. '겨우 밀알? 나를 원하지 않으시나? 아니면 다른 용도로 쓰시려나?' 수수께끼 같은 밀알이 얼마나 귀한 단어인지를 몰랐던 나는 신학공부를 하겠다는 야심찬 고백도 했다. 신실한 분들과 상의도 해봤지만 다들 쌍수를 들고 말렸다. 남편은 '애 놔두고 나가서 해라', 구역장님은 '지금은 아닌 것 같다. 어린 두 딸 먼저 키워라.'고 하셨다.

그래도 주님 일에 쓰임 받고 싶다는 뜨거운 마음에 주일학교 교사, 식당 봉사, 성전 청소를 하면서 여전도회와 구역 일에도 열심히 참여하고, 공동체의 일원으로서 교제하고 섬겼다. 주님이 나를 사랑하시고 내 삶과 함께하신다는 비밀을 체험한 후부터 하나님이 마냥 좋았다. 성령세례를 받으면서 '아, 사람의 생사화복과 세상만사는 모두 하나님 손에 달려 있구나.' 하는 진리를 깨달았다.

하루는 어느 교회 앞을 지나다가 한 유명 기업인의 간증을 알리는 현수막을 보게 되었다. 아이를 업은 채 한참동안 펄럭이는 플래카드를 올려다보며 나는 이런 기도를 드렸다.

"하나님, 저는 언제쯤 저렇게 멋지게 쓰임 받을 수 있을까요?"

그렇게 힘들었던 시절에 부러운 눈으로 현수막을 바라보며 기도했던 때가 엊그제 같은데 나는 어느새 기도 응답을 받고 교회, 기업, 선교사대회 강사로 강단에 오르게 되었다. 그런 기도를 올린 것마저 까먹었을 무렵에도 주님은 나를 끊임없이 훈련시키셨던 것이다. 그 훈련과 응답에 너무 감사해서 강사 사례비는 받지 않고 대신 장학금으로 써 달라고 부탁한다. 보잘것없던 내가 광대하신 하나님의 스피커 노릇이라니…, 언제나 간증과 강연은 즐겁기만 하다.

## 선한 부자 소원

여전히 남편의 사업은 잘되지 않았고 나도 계속해서 돈을 빌리러 다녔던 그 시절.

"쟤, 또 돈 빌리러 왔다. 습관 되니까 빌려주지 마라."

지인들의 귓속말에 상처를 받고도 차비가 없어 여비로 주는 그 돈을 받아들고 내려와야 했던 기차 안. 어린 아이를 안고 울면서 하나님께 간절히 애원했던 그 기도가 생각났다.

"하나님, 이렇게 돈 꾸러 다니는 게 너무 부끄럽고 창피해요. 이제 우리에게 복을 주세요. 그러면 하나님의 사람과 이웃들을 돕고 베푸는 선한 도구가 될게요."

"저에게 재정을 열어 주세요. 우리가 잘되면 나눠 주고 꾸어 주고 베풀며 살겠습니다."

우리에게 복을 주시면 나눠 주고 꾸어 주고 베푸는 선한 청지기가 되겠다고 서원하며 기차 안에서 기도했던 그 기도를 하나님은 다시 상기시키셨다.

> 내가 전심으로 주께 간구하였사오니 주의 말씀대로 내게 은혜를 베푸소서 (시 119:58)

## 짧은 축복

주님은 예상치 못한 때와 방법으로 응답해 주셨다.

줄줄이 마이너스의 손을 증명하던 남편에게 드디어 마이더스의 손으로 변신하게 된 때가 왔다. 30대 초반 즈음, 순식물성 수입화장품 대리점 '바디 & 뷰티 하우스'에서 제법 대박이 났다. 대리점을 400개나 거느리게 되면서 촉망받는 기업인으로 세인의 주목을 받게 됐다.

강남의 멋진 사무실에다 좋은 집, 카폰이 달린 고급 자가용까지 굴리게 되니 '잘되면 나눠 주고 꾸어 주고 베풀며 살겠습니다.' 서원했던 기도를 잊어버렸다. 이제 우리가 잘살게 되었는데도 만족을 못하고 더 큰 부자가 될 거라는 꿈에만 부풀고 있을 때 우리에게 경종이 울리듯이 IMF가 터졌다. 국가적 외환 위기였으니 전 산업이 휘청거렸다.

몇 달 사이에 남편의 공든 탑 또한 무너지는 도미노 사태가 벌어졌다. 환율이 치솟으니 하루아침에 다시 마이너스 손으로 복귀하는 건 일도 아니었다. 안팎으로 시린 겨울 추위가 다가오고 있었다.

## 총체적 고난

남편이 망했는데 아무 짓도 하지 않은 나도 덩달아 죄인이 되어 있었다.

'빚쟁이, 세금 체납자, 신용불량자의 아내, 많은 대리점을 망하게 한 장본인.'

겹겹의 죄명과 죄책감의 무게는 육중했다. 우리가 망해서 못살게 된 것이야 우리 사정이지만, 이것이 일파만파 연쇄 부도를 일으켜 거래처와 직원들, 가정들까지 고통을 당했다.

욕설과 원망의 쓰나미가 지나가니 실어증과 불면증이 나를 덮쳤다. 며칠씩 잠을 못 자니까 헛소리도 했고 방문을 걸어 잠그고 이불 속에 숨어 사람을 피했다. 집 밖에서 빚쟁이들이 소리 지르는 듯한 환청과 공포에 떨었다. 사람들의 얼굴이 너무 무서웠고 누군가가 나한테 죄책감을 막 쏟아붓는 것 같았다. 머릿속이 무엇으로 꽉 막혔는지 죽어야겠다, 내일 아침엔 절대 눈 뜨고 싶지 않다는 생각만 들었다. 불안과 우울로 공황장애까지 겪었던 것 같다. '아, 이래서 동반 자살을 하는구나.' 싶었다.

남편은 노숙인 행색으로 도망을 다녀야 했다. 중국으로 도망가라는 세속적 조언(?)도 있었지만, 믿는 사람들이 우리 죽겠다고 그런 배신을 할 수는 없었다. 우리는 채권단에 모든 걸 맡기고 4년 가까이 남은 빚을 꾸준히 갚아 나갔다. 여러 사업을 하면서 돈을 꾸러 다닐 때보다 더 힘든 총체적 난국, 사면초가였다.

시어머니는 아들을 위해 모든 재산을 팔아 빚을 갚아 주시고는 장독 몇 개를 들고 올라와 우리와 합치게 됐다. 어린 세 딸과 시어머니, 시누이 이렇게 일곱 식구의 하루 땟거리를 걱정해야 되는 상황이 벌어졌다.

'혹시라도 무슨 죄악된 것이 집에 있나?'

나는 강박증 환자처럼 남편의 골프채를 내다 버리고, 아이들이 가지고 있던 연예인 사진들을 없애며 회개하는 일을 반복했다. 남편은 이런 나를 보며 위험신호를 감지했는지 안 가던 새벽기도를 먼저 가자고 했다. '웬일이지…' 하며 급히 정장을 차려입은 나를 한 집사님 차에 태우더니 대학병원 응급실에다 떨어뜨렸다.

"당신 잠을 너무 못 자니까 주사라도 한 대 맞아 보자."

의사들이 다가와 이것저것 묻더니 갑자기 침대에다 두 팔과 발을 묶고는 어느 병실로 나를 옮겨 갔다. 하얀 복도 천장을 올려다보며 지나가니 오만 가지 생각이 다 들었다. 드라마에서 많이 보던 장면이 내게도 일어나다니. 이게 천국으로 가는 건지, 죽으려고 가는 건지 비몽사몽이었다. 철문으로는 나만 들어가고 남편은 안타까운 얼굴로 문 밖에 서 있었다.

"잠깐 쉬고 있어. 내가 또 올게."

의존적이고 분리불안도 있는 나는 충격과 공포로 멍해졌다. 혀와 몸이 굳었는지 말이 나오지 않았다. 간호사는 환자복으로 갈아입혔다. 병실에서는 먹고, 자고, 목욕하기, 이 세 가지를 했다. 며칠이 지난 후부터 저녁에 간호사가 불을 끄고 나가면 수면제를 먹지 않고 기도를 드렸다.

"주님, 애들이 너무 보고 싶어요. 저 이제 집에 가고 싶어요. 집에 가서 예배드리게 해주세요."

4층 창문 밖으로는 크고 작은 십자가들이 보였다. 수요일인지, 목요일인지 날짜 감각도 없어졌다. 여기서 내 인생 끝나는 건가 싶은 두려움, 하루가 너무 길고 힘들어서 매일 목욕을 하고 또 했다. 성경, 찬송가도 없는 상황이라 더 답답했지만, 나는 주기도문과 사도신경 외에는 암송하는 말씀 몇 구절조차 없는 허약한 신자였다.

거기서 자살 시도, 치매, 조현병 등으로 고통당하는 환자들의 재발률이 굉장히 높다는 걸 알았다. 혹시 나도 평생 이 병을 달고 살아야 되나 두려웠다.

한 달여의 정신병동 입원치료는 굉장히 큰 상처이자 낙인효과였다. '엄마 스트레스 받으면 안 돼.' 하며 배려하는 가족들과도 속 얘기를 나누지 못하는 중증 환자가 되어 있었다.

세 아이의 엄마로, 아이들의 중심이었던 나의 존재감은 사라진 듯했다. 오히려 집안에 어려움을 주는 애물단지로 변해 있었다. 아이들도, 시어머니도 나를 짐스러워하는 걸 많이 느꼈다. 홀로 섬이 되어 떠도는 기분이었다. 남들은 일시에 나를 떠나가고, 가족들은 천천히 떠나가는 느낌이었다. 나는 너무 가벼운, 투명인간이 된 것 같았다. 고독하고 필요 없는 존재, 공허했다. 이렇게는 살고 싶지 않았지만 뭘 어찌해 볼 도리가 없었다.

한 5, 6년을 신경정신과 치료와 약을 먹었다는 건 늘 비밀이었다. 병원도 몰래 혼자 갔다. 남편이나 아이들의 "약 먹었어?" 한마디에도 죽을 것만 같았다. 언제쯤이나 약을 끊고 살 수 있을지, 정말 그날이 올지 의심스러웠다.

저녁이면 "하나님, 오늘은 제가 약 안 먹고 자볼게요. 주님이 잠을 주시는 분이니까 저 좀 재워 주세요." 그렇게 하나님과 씨름했다. 아니 매달렸다. 밤 한두 시까지 약을 안 먹다가 결국 항복하고 수면제를 먹어야 했던, 아무도 모르는 한밤의 싸움을 매일매일 치렀다. 손톱만 한 항우울제와 항불안제들을 쥐고 싸움하는 내가 얼마나 부끄럽고 못났는지, 주님이 자주 원망스러웠다.

'나를 사랑하면 잠을 주셔야지…. 남들 다 자는 이 밤에 왜 나만 못 자고 이 작은 약 하나에 기대게 하시나? 인간이 우주를 정복한다, 불치병을 고친다 하지만, 사실은 사소한 것 하나까지도 하나

님이 허락하지 않으면 한 조각 잠조차 못 취하는 존재구나.'

창조주의 절대 주권 아래서 인간의 생사화복은 물론 잠 한 숨까지도 하나님이 허락해야 가능하다는 사실을 절절히 느끼는 시간이었다. 잠 못 드는 밤, 길고 느린 밤에 주님을 더 깊이 생각하는, 밀도 높은 묵상시간이 찾아왔다. 바닥을 치며 가라앉아 있을 때 주님은 나를 더 가까이하셨다.

마치 스르르 잠이 들 듯 약도 2알, 1알, 2분의 1알, 3분의 1알로 줄이게 되면서 남들 같은 단잠을 잘 수 있었다. 공중전보다 먼저 찾아온 나의 화학전은 질겼다. 그러던 밤에 시가 내게로 왔다.

## 불면증

밤새
감정과 이성이 부딪히며
파란별이 수없이 떨어지고
가야 할 길과
가지 말아야 할 길
가고 싶은 길과
가서는 안 될 길

수없이 자문하며

밤새 서성인다


가을은 깊어 가는데

여물지 않은 가슴

언제나

단단한 열매로 설 수 있을까?


바로 서야 할 나이인데

자꾸만 흔들리고 흔들리고

선명하지 않은 시야가

서성거리게 한다

제자리에서

악은 모양이라도 버리라

밤새 되뇌이며

가야 할 길 앞에서

가지 말아야 할 길을 돌아본다.


한참 후에 오스왈드 챔버스(Oswald Chambers)가 쓴 『주님은 나의

『최고봉』을 읽다가 '당신의 인생에 무덤이 있습니까?'라는 제목과 마주친 순간, 그 밤의 나와 오버랩이 됐다. '아, 나는 그때 죽었었구나. 그때 거기가 내 무덤이었구나.' 하고 상황 정리가 됐다.

치료 받던 얘기는 이후로도 절대 하고 싶지 않았다. 그 고난이 해석되지 않았기 때문에 그랬다. 그건 그냥 내 약점과 치부라고 감추고 싶었다. 나중에 하나님께서 나를 새롭게 빚어내시는 훈련과정이었다고 해석이 됐을 때에야, 아니 분석을 해주셨을 때에야 드러낼 수 있었다. 지금은 공공연히 그걸 자랑처럼 얘기하고 있다.

심신이 아픈 이들의 자리와 처지로 보내셔서 교만과 허세로 가득 찼던 나를 다듬는 조형과 조율의 수업 시간. 꼭 그렇게까지 나를 떨어뜨렸다가 끌어올리셔야 됐나 하는 생각도 들었지만 고집이 세고 완악해서 필요했던, 속된 말로 뺑뺑이가 아니었을까!

고독은 강물처럼

혈관을 지나

영혼을 자라게 한다

— '강물처럼' 중에서

"여보, 우리 호떡 장사 해볼래? 내가 종로에서 기술도 사사받고 자리도 좀 알아봤는데 부지런만 하면 괜찮겠어."

망했다, 아프다 하며 집에 있어 본들 늘어지기만 하니까 남편은 호떡 장사를 해보자고 제안했다. 처음에는 둘 다 용기가 안 나고 너무 부끄러웠다. 노점상이라도 근처 건물주에게 허락을 받아야 한다는 것도 장사를 해보고서야 알았다.

숙대 근처 건물 앞에 포장마차를 갖다 놓고 준비 완료했지만 남편이 거기까지 걸어 나오는데 3, 4일이나 걸렸다. 한때 잘나가던 남편의 양복물은 쉽게 빠지지 않았다. 내내 와이셔츠에 넥타이 차림으로 장사를 하는 날이 많았다. 나중에 남편은 그 속내를 이렇게 털어놨다.

"쫄딱 망했다고 해서 아무 옷이나 걸치고 나를 허접하게 대하면 다시는 재기하거나 내가 원하는 사업을 못하면서 살 것 같았어. 양복은 나를 방치하지 않으려는 최소한의 몸부림이었지."

남편이 짠하기도 하고 새롭기도 하고 귀하게도 보였다.

숙대입구역에서 내려 보니 건너편에 호떡 포장마차가 보였다. 선뜻 발길이 떨어지지가 않았다. 자꾸만 망설이고 망설여졌다. 부끄러움과 함께 남편의 미안함과 민망함도 느껴졌다. 부끄러움, 자신 없음, 그리고 인정하고 싶지 않은 마음들이 교차했다.

남편은 나랑 결혼할 때도 "복이, 돈 걱정 하지 마. 내가 진짜 돈 공장 차려 줄게. 아니면 뭘 해서라도 처자식 고생은 안 시킨다." 큰소리쳤던 남자다. 그랬던 사람이 얼마나 아내한테 미안할까. 그래서 남편한테 성큼 다가가지 못했다.

숨어서 한참을 서성이고 있는데 이 생각을 떠올리게 하셨다. 부끄러움을 극복할 수 없는 내가 또 부끄러울 때 주님은 '부부'에 대해서 돌아보게 하셨다.

"슬플 때나 기쁠 때나 함께하겠다고 약속했던 서약은 어디 갔니? 좋은 차 타고 다닐 때는 남편이라고 따라다니고, 어렵고 초라할 때는 남편이 부끄러우냐?"

하나님께서 이렇게 책망하시는 것 같아 '네, 알겠습니다.' 하고 포장마차로 얼른 뛰어갔다. 그러고도 내내 부끄러워가지고 얼굴을 못 들고 뒤에 숨어서 반죽이나 치댔다. 그렇게 며칠 인사하고 돈 계산하다 보니 적응이 되면서 부끄러움을 따돌린 것 같다.

500원짜리 호떡에 생계가 달렸으니 연구를 많이 했다. 아마 서울 시내에서 가장 큰 호떡을 파는 가게였을 것이다. 촌사람인지라 양으로 승부하자 해서 크게 빚은 왕호떡, 흑설탕이나 단 걸 싫어하는 손님을 위한 야채호떡 메뉴를 만들었다. 식용유가 아닌 마가린으로 구워 겉반죽에도 간이 배게 하니까 훨씬 맛이 좋았다.

호떡 한 장 한 장을 손으로 비비며 굽고 집중하는 동안 부끄러움은 극복했지만 정작 어려운 일은 그다음이었다. 새벽에 일어나 반죽해 가져왔는데 우리 포장마차가 안 보였다. 노점 단속반에게 호떡차를 뺏긴 것이다. 용역업체 사람들이 갑자기 들이닥쳐서 포장마차를 실어가 버리는 사태가 이후로도 잦았다. 뺏기고 옮기고 뺏기고 옮기는 메뚜기 장사였다.

하루에 많이 팔면 5만 원, 적게 팔면 3만 원을 벌어 일용할 양식을 삼던 무렵인데, 포장마차를 뺏겼을 때의 당혹감과 절망감은 쓰디썼다.

"해도 해도 진짜 너무한다."

하루치의 만나를 벌기 위한 하루하루의 생존은 무겁고, 우리 일곱 식구의 생계가 달린 포장마차는 가벼웠다. 떠돌이가 된 기분으로 우리 자리에서 못하고 딴 데로 옮겼을 때의 텃세는 더욱 거셌다. 호떡 가지고 벌어먹는데 내 상권, 이른바 구역에 들어왔다고 하니 우길 수도 없었다. 빨갛게 언 손과 발로 호떡차를 끌고 겨울 칼바람이 부는 이 거리, 저 거리를 전전해야 했다.

갈 곳 없는 마음, 노점상의 고단함. 이것을 겪게 하신 하나님의 세심한 계획. 이후 본죽이 잘되던 어느 날 맞닥뜨린 사건을 통해 왜 그 시간들이 필요했는지 깨닫게 되었다.

## 호떡 장사의 100만 원

하루살이 전쟁을 치르고 있을 무렵, 김영희 구역장님이 위암 말기로 입원해 있다는 소식을 들었다. 우리가 어려울 때 가장 큰 도움을 주셨던 분이니 안타깝고 그리웠다. 염치불고하고 또 한 번 기도 부탁도 드리고 싶었다.

수소문 끝에 남편의 사업은 망하고 집사님은 시한부로 얼마 살지 못한다는 소식을 들으니 낙담스럽고 너무나 후회가 됐다. 여유로울 때 은혜를 갚지 못했더니 우리가 죽게 된 이 마당에 그분이 아프단다. 어긋난 타이밍에 죄송하고 한스러웠다.

복음에 빚진 자로서 그분의 은혜를 조금이라도 갚아야겠다는 마음이 들었다. 엎치고 덮친 상황을 모른 체할 수는 없었다. 찾아뵙고 꼭 100만 원을 드리고 싶은 마음이 들어서 남편과 상의했다.

"여보, 김 집사님의 은혜를 갚지 않으면 나중에 깊이 후회할 것 같아요. 이분이 오래 살지 못한다 하시는데 나를 좀 도와줘요."

"은혜도 중하지만 100만 원씩이나? 우리도 겨우 먹고사는 형편에…."

그런데도 100만 원의 마음은 사라지지 않았다. 우리 부부 모두 그분의 은혜를 입었기 때문에 당연히 보답해 드려야 된다는 굴뚝 같은 마음이었다.

"그럼 일단 돈을 좀 모아 보자."

짜내고 쪼개 기름 묻은 돈을 모아 한 달여 뒤에 집사님을 찾아갔다. 옆구리 쪽으로 복수를 빼고 있는 집사님은 밭은 숨을 헐떡이고 계셨다.

"구역장님, 너무 늦게 와서 죄송해요. 저희가 사느라 좀 바빴어요."

파리해진 얼굴, 바싹 여윈 손을 맞잡으니 눈물이 쏟아져 내렸다. 서로를 위해 자비와 긍휼을 구하는 기도를 간절하게 드렸다. 집사님은 평안한 얼굴로 "지혜 엄마 힘내! 다 잘될 거야. 하나님이 함께하시니까." 응원해 주시고는 몇 달 뒤 천국으로 옮겨 가셨다.

## 눈물의 돈가스

1년여의 호떡 장사조차 접어야 할 무렵, 남편의 친구 한 분이 종로에 외식 컨설팅 회사를 차리면서 남편에게 러브콜을 보냈다. 남편은 정신이 아픈 나까지 데리고 친구 회사에 취업을 했다. 작은 요리학원이 딸린 음식점 창업 컨설팅업체였으니 주방 보조가 필요했다.

이 요리학원에서 일할 때가 내 우울감이 최고점을 찍은 때였다. 호떡장사는 제약 받지 않고 주도적으로 일하면서 돈도 만질 수 있었다. 하지만 여기서는 말이 '최 대리'였지 설거지, 청소, 냉장고 정리, 행주 삶기, 재료 사오기 등을 하느라 존재감을 잃어 갔다.

정신은 아팠고 '이 일이 나랑 무슨 상관인가, 이렇게 내 인생 끝나는구나.' 싶은 절망감뿐이었다. 낮에는 거리를 배회하다가 돌아와서는 텅 빈 주방에 혼자 멍하니 앉아 남은 돈가스를 먹었다. 배가 고프지도 않은데 말로 표현할 수 없는 허기를 지울 수가 없었다.

80킬로그램에 가깝도록 살이 찌고 얼굴에는 기미가 까맣게 끼니까 거울을 보고 싶지 않았다. 차츰 망가지고 스스로 망가뜨리는, 뭐 하나 앞길이 보이지 않는 막막함과 헛헛함을 말로 표현할 수 없었다.

어쩌면 사람한테는 꿈이 없는 상태, 검은 절망의 상태야말로 죽음에 이르는 병일 수 있음을 알았다. 약도 띄엄띄엄 먹다 보니 자살 충동이 다시 일어나 전철역에서 뛰어내리고 싶은 때도 있었다. 내일 아침이 오지 않았으면, 눈 뜨지 않았으면, 또 한 번 헛되게 바랐다.

'이 고통이 싫어서 죽기를 원하는 건데, 정말 죽었을 때 나는 어디로 갈까?'

보나마나 지옥이겠지. 이렇게는 살고 싶지 않다고 죽음을 선택해 끝을 내면 훨씬 좋아져야 되는데 좋아질 리가 없었다. 가족을 두고 죽을 수도, 가족과 함께 살아 나갈 수도 없는 딜레마라니. 살자니 아무것도 보이지 않는 절망 상태이고, 죽자니 더 기나긴 고통만이 예상됐다.

돌아보니 사탄은 내 약점을 너무나 잘 알고 있었다. 주님으로부터 오는 자존감이 아닌, 나 자신의 에고(ego, 자아, 자존심)를 건드려 자기연민과 회의에 빠뜨리고 휘둘렀던 것 같다.

'혹시 나는 예정에 없는 존재일까? 주님, 저를 왜 이 땅에 보내셨나요?'

버림받은 느낌이 나를 더욱 아프게 했다. 하나님의 자녀는 이미 주님의 생명책에 예정(기록)되어 있다는 예정론이 나를 더욱 혼란스럽게 했다.

그 무렵 다니던 교회 목사님께서 "하나님의 세미한 음성을 들으라."는 설교를 계속하셨다.

'어떻게 하나님의 세미한 음성을 들으라는 거지? 정말 하나님이 계시다면 나한테 이렇게까지 대답을 안 할 수가 없잖아? 너무

작고 멀어서 안 들리는 걸까?'

혼자 끌탕하는 카오스의 시간을 보냈다.

## 하나님 자녀이게만 해주세요

기울어진 생각에 갇혀 힘든 시간을 보내는 중에 동아줄을 찾는 심정으로 신앙서적을 찾았다. 어떤 분은 구약의 욥기를 읽어 보라고도 하셨지만 내가 힘든데 또 힘든 사람의 얘기는 읽고 싶지 않았다.

송봉모 예수회 신부님이 쓴『고통 그 인간적인 것』과『광야에 선 인간』이 두 얇은 책을 머리맡에 두고 닳도록 읽고 또 읽었다.

"고통은 삶의 실재다. 하나님과 진정한 관계를 맺는 시간이니 한 가지 고난 앞에서 인생 전체를 비관하지 마라. 고난은 가장된 축복이다. 그러니 하나님을 철저히 신뢰하고 찬양하라."

이 험한 세상을 뜻하는 광야는 '우선순위를 알아가는 장소, 반항과 시험과 유혹을 분별하는 장소이자 그 과정'이라는 선포가 책 속에서 우렁차게 울리고 있었다.

문득 수영과 자전거 타기가 생각났다. 어깨와 팔다리에 잔뜩 들어간 힘을 빼고 물에 몸을 맡겨야 몸이 뜨듯이, 핸들이 아닌 자전거 바퀴에 몸을 맡겨야 쉽게 타듯이, 초보에서 프로가 되려면 '힘 빼는 시간'이 오래 걸린다. 구름 기둥과 불 기둥, 만나와 메추라기에 의지하게 하신 하나님은 이스라엘 민족이 이제 그만 광야에서 힘 빼기를 원하셨던 것이다.

"아, 인생의 고난이 그냥 고난으로 끝나는 게 아니구나. 고난은 기회의 시험장이고, 하나님이 숨겨 둔 보물을 찾는 보물찾기놀이구나!"

세상 누구도 알려 주지 않았던 놀라운 비밀을 풀고 정답을 찾자 통쾌하고 기뻤다. '목마른 사슴이 시냇물을 찾아 헤매이듯이' 답을 알려고 갈급해하던 내게 주님은 고난에 대한 해석과 광야 시즌에 대한 해답을 주셨다. 인생에 대한 영적 정답을 발견하니 내 앞에 놓인 고난의 이면과 행간이 점점 더 궁금해졌다.

특히 진주가 만들어지는 예화는 큰 감동이었다. 진주조개가 자기의 아린 상처를 낫게 하려고 온몸의 진액을 빼내 상처를 감싸고 또 감싼다. 그 반복 작업으로 인해 탄생하는 것이 바로 찬란한 진주라는 이야기는 내게 큰 위로가 되었다. '내 상처도 훗날에는 진주가 되지 않을까?' 하는 희망을 품게 됐다. 나도 진주가 되기 원해서 진주귀걸이를 자주 하고 다닌다. 누구는 진주로 치장을 하면 눈물이 많다고 하던데, 나는 슬픔보다 기쁨의 눈물을 더 많이 흘리는 것 같다.

책을 읽고 설교를 들으며 이런 절규 같은 기도를 꽤 오래했다.

"주님, 저 이제 다 필요 없어요. 오직 주님 한 분이면 족해요. 그러니 저 그냥 하나님의 자녀라고 말씀만 해주세요. 그러면 이 모든 걸 잘 견디고 열심히 살아 볼게요."

어쩌면 하나님은 이 한마디 진짜 고백을 듣기 위해서 고난의 성형 과정을 주시지 않았나 하는 확신이 든다.

## 3분 설교와 스피커 훈련

또 하나 내게 부어진 생명수는 바로 조용기 목사님의 '3분 설교'였다. 아침마다 ARS 전화를 통해 영적 멘토의 달고 진한 설교를 들을 수 있었다. 나를 살아나게 하는 소생의 말씀이었다. 매일 말씀을 들으며 촘촘하게 메모를 하고 오래 생각했다. 지금 보니 혼자 큐티(Quiet Time: 경건과 묵상의 시간)를 한 셈이다. 정말로 '주의 말씀은 내 발에 등이요, 내 길에 빛'(시 119:105)이라는 것을 생활 속에서 고백했다.

가장 놀라운 변화는 언어였다. 조 목사님의 『4차원의 영성』을 읽으며 내게 큰 도전 과제로 다가온 것이 바로 민수기 14장 28절 말씀이었다.

"그들에게 이르기를 여호와의 말씀에 나의 삶을 가리켜 맹세하노라 너희 말이 내 귀에 들린 대로 내가 너희에게 행하리니"

"내 귀에 들리는 대로 내가 시행하리라? 정말 내가 말하는 대로 똑같이 해버리시겠다고?"

무섭도록 단호한 선포에 화들짝 놀랐다. '말이 씨가 된다, 생각이 팔자'라는 속담을 하나님의 약속으로 검증한 순간이었다.

부정적인 말, 불평불만, 남 흉보기, 원망과 걱정, 외로움… 이런 것들이 내 언어를 장악하고 있다는 걸 발견했다. '아, 내 입에는 감사가 없구나. 설교말씀처럼 억지로라도 감사해야 되는구나!' 생활의 숙제를 받았으니 '행복을 부르는 말'을 실행에 옮겼다.

나를 둘러쌌던 낙심과 절망의 말 대신 기도문을 붙여 놓고 감사의 기도를 드렸다. 그날 들은 3분 설교의 내용을 매일 실천했다. 말이 밝아지고 언어의 영성이 회복되면서 차츰 컨디션도 좋아지고 의욕이 조금씩 살아나는 걸 느꼈다. 희망의 빛이 나를 비추어 소생케 하고 하루하루를 인도하는 것 같았다.

> 나는 오직 주의 사랑을 의지하였사오니 나의 마음은 주의 구원을 기
> 뻐하리이다 (시편 13:5)

그 후 거의 4년 동안 내 입술에 화저를 대고 혀에 재갈을 물려 성령과 생명과 축복의 언어로 바꾸시는 언어 훈련이 이어졌다. 살리는 언어, 긍정의 언어로 언어의 온도가 높아질수록 나도 하나님의 따뜻한 스피커로 변화되었다.

가맹점 점주들에게 10년간 비전과 사명 교육을 하며 성공 특강의 간증자로 설 수 있었다. 독일 코스타와 인도차이나 5개국, LA 세계선교대회, MK 선교대회 등에서 감사하게 주강사로 하나님의 기적을 간증하게 됐다.

언어 습관을 바꾸어 주님의 스피커로 세우시기까지 나를 오래 참으시고 정제해 주신 하나님께 깊은 감사가 저절로 나왔다. 지금도 언어 기도는 계속하고 있다. 엎질러진 말에 빠지거나 실족하는 사람 생기지 않도록 말이다.

1막

# 축복의 통로, 본죽
## - 하나님이 주신 꿈의 태동

창업 스토리 : 고난은 가장된 축복 / 15가지 메뉴의 탄생 /
후미진 골목 2층의 본죽 1호 / 낮에는 장사, 밤에는 시뮬레이션 / 인생은 다모작, 둘 다 하세요

1막

# 축복의 통로, 본죽
### - 하나님이 주신 꿈의 태동

우리가 환난 중에도 즐거워하나니 이는 환난은 인내를,
인내는 연단을, 연단은 소망을 이루는 줄 앎이로다
(로마서 5:3-4)

## 창업 스토리 : 고난은 가장된 축복

'꿈을 가져야 된다, 꿈이 없는 백성은 망한다.'는 메시지도 마음에 꽂혔다. 고난 중에 꿈을 다 잃어버린 나였는데, 그때는 새로운 꿈 아니 간절함이 다시 솟아났다.

그나마 70여만 원을 받으며 2년을 넘게 다닌 요리학원 보조 자리조차 날아가 버린 아침. 출근했더니 이제 내가 필요 없다는 통지를 받았다. 이제 '무슨 다른 일을 해야 하나?' 앞이 캄캄하고 막막했다. 노랫말처럼 '무엇을 할 것인가 둘러보아도 보이는 건 모두가 돌아앉았네.' 싶었다.

남편의 사업에도 지장 받지 않고 세 딸 키우고 시어머니 봉양할 수 있는 먹고살 거리가 하나 있으면 좋겠다는 소망이 간절했다. 주변을 둘러보니 학원생들 중에는 배운 대로 식당을 차려 제법 자리 잡은 분들도 많았다.

"내가 조그만 거라도 가게를 하나 하면 좋겠어. 그러면 당신이 사업이나 다른 일로 다시 일어날 동안 가족이 먹고사는 일은 걱정하지 않아도 되지 않을까?"

이렇게 제안 겸 상의를 했더니 남편이 기다렸다는 듯이 말했다.

"당신, 죽집 해볼래?"

식당 창업 컨설턴트다운 현실적인 조언이었다. 당시는 돈가스 전문점 등이 유행할 때라서 처음에는 썩 내키지 않았지만 생활비에 보탬은 될 것 같았다. 냄비 몇 개와 튼튼한 두 팔, 소자본으로 간단하게 시작할 수 있는 아이템이었다.

시장 모퉁이의 죽도 먹어 보고, 오래된 전통이 있는 죽집도 몇 군데 찾아가 봤다. 여의도와 충무로에 있는 죽집을 가보니 말쑥한 정장 차림의 남자들이 여기저기 앉아서 죽을 먹고 있었다.

'아니, 이런 고급 손님들이 끼니 대신 죽을 사 먹는구나!'

죽을 먹어 보니 겨우 라면과 어묵탕 전문인 나라도 더 잘 만들 수 있겠다는 근거 없고 대책 없는 자신감이 솟았다. 그들은 술을 깨려고 해장용으로 죽을 먹는다는 것은 나중에 알게 된 사실이었다.

해마다 동네 친척들에게 나눠 주신 친정 엄마의 팥죽, 어깨너머로 본 잣죽, 깨죽, 흑임자죽 그리고 요리학원 보조로 보고 들은 시간이 있지 않은가? 나는 남편에게 회심의 미소를 보냈다.

"여보, 나 죽집 한번 해보고 싶어!"

"그럼 노하우는 당신이 만들어 봐."

## 15가지 메뉴의 탄생

가장 먼저 친정엄마한테 달려갔다. 할아버지께 잣죽이나 깨죽 쑤어 드리는 걸 봤으니 종갓집의 레시피와 비법을 전수받으려고 했다. 그런데 엄마의 비법은 한마디였다.

"팥죽은 가마솥에 쒀야 제맛이지."

가게는 주방이 좁아 한 그릇씩 소량으로 쒀야 하는데 가마솥은 무리였다. '이제 누구한테 가서 배워야 하나….' 아득하던 차에 지인의 소개로 종로구청 앞 '보름달'이라는 전통찻집을 찾아갔다.

어렵게 허락을 받고 옥수수와 호빵을 사다 드리며 출근을 했다. 석 달 가까이 설거지와 서빙을 하면서 죽 쑤는 법을 배웠다. 찻집이었으니까 식혜, 쌍화차 등 전통 차를 만드는 법도 배웠다.

여기저기 데고 베이면서 팥죽을 비롯하여 전통죽의 기본은 배웠지만 그것만으로는 부족했다. 한 끼 식사가 될 만큼 든든하고 속 편한 죽이면서 환자를 위한 보양죽, 다이어트와 여성을 위한 미용죽, 아기죽 등 웰빙 영양죽 메뉴가 필요했다.

큼직한 굴이 들어간 해물죽과 가정식 같은 김치죽 등이 지금까지 인기가 있는데, 특히 단호박죽에는 잊지 못할 사연이 있다. 2002년 1월부터 노하우를 만들기 시작해서 2, 3월에는 늙은 호박을 사러 경동시장을 다 돌아다녔다. 4월쯤 되니까 늙은 호박 한 통이 5만~10만 원에 약호박처럼 팔렸다.

궁리 끝에 단호박으로 대체해 보기로 하고 여러 요리법을 강구했다. 숱한 시행착오 끝에 드디어 탐스러운 빛깔과 눈이 딱 떠지는 맛에 감탄과 환호를 연발하는 순간이 왔다. 구역예배를 드린 후 어머님과 구역 식구들께 첫선을 보였더니 모두에게 "이런 죽

처음 먹어 본다. 너무 맛있어서 자꾸 손이 간다."는 칭찬을 들었다. 에디슨이 이랬을까? 발명의 기쁨은 이루 말할 수가 없었다.

나는 매일 죽을 실습하고 가족들은 시식단이 되어 온갖 죽을 먹고 평가해 줬다. 우리의 좁은 주방은 메뉴를 개발하고 레시피와 프로세스 노하우를 만드는 R&D 센터로 변신하는 중이었다.

좌절과 실패를 거듭할 때마다 포기하지 않고 기도하며 다시 힘을 내어 15가지 메뉴를 만들었다. 유명 셰프를 모시고 본브랜드연구소를 가동해 메뉴가 훨씬 많아진 지금까지도 초창기 15가지 메뉴가 전체 매출의 70%를 차지할 정도로, 본죽의 메뉴는 '하나님이 알려 주신 레시피'라고 열렬하게 자랑하고 다닌다.

하나님은 죽 만드는 내내 이 말씀을 입에 달고 살게 했다.

할 수 있거든이 무슨 말이냐 믿는 자에게는 능히 하지 못할 일이 없느니라 (마가복음 9:23)

내게 능력 주시는 자 안에서 내가 모든 것을 할 수 있느니라 (빌립보서 4:13)

약한 나를 일으켜 말씀과 기도의 장대로 높은 벽을 뛰어넘게 하셨다.

메뉴와 맛은 어느 정도 나왔는데 가게 이름이 문제였다.

새벽기도 중에 주님께서 본(本)이라는 단어를 보여 주셨다.

"본죽이라고요?"

'죽의 기본, 건강의 근본'이 되라는 말씀 같았다. 뿌리니까 본래의 맛을 고집하는 원조나 처음, 진짜 같은 오리지널의 느낌도 났다. '본', '본' 하면서 불러 보니 죽의 본명을 얻은 양 기분이 좋아졌다.

'본죽'이라는 이름에서 죽이라는 음식의 정체성과 우리가 지켜야 할 자세를 부여받았다. 그래, 정성과 사랑이 담긴 죽으로 사람들을 건강하게 하자. '어머니의 사랑, 맛있는 건강'이라는 본죽의 슬로건도 여기서 나온 셈이다. 본아이에프의 CI 또한 '건강을 채우는 죽그릇'이 되기를 소망하며 곡선형으로 디자인했다.

본죽과 본사랑의 CI에 보이는 세 가지 색깔에도 특별한 의미를 담았다. 팥죽색은 땅과 하나님을, 초록색은 식물과 예수님을, 노란색은 열매와 성령님을 상징한다. 성부, 성자, 성령 삼위일체가 따로 또 같이 일하시듯 우리도 합력하여 선을 이루는 기업체가 되기를 소망한다.

나중에 알게 됐지만 본(bon)은 발음상 이태리어의 부온(buon)이나

불어의 봉(bon)으로도 '좋다'는 뜻으로 해석되는 다국적 언어다. 그래서 우리의 슬로건 중에는 '프랑스인이 단골손님이 될 때까지'도 있다. 게다가 비슷한 발음으로 '뼈대(bone)', '태어나다(bom)' 같은 몸과 연관된 좋은 느낌의 단어도 연상되게 한다.

만국 공통으로 사랑받고 기억되는 세계적인 한식 브랜드가 되라고, 하나님은 일찍부터 좋은 이름을 예비해 주셨다. 지구인들에게 좋다고 인정받는 글로벌 기업이 되라고 사명을 주셨다. 죽이라는 뿌리에서 지금의 선교기업으로 가지를 뻗고 열매 맺도록 자라게 하셨다.

한 크리스천 사장님께서 숨은 뜻 하나를 더 풀어 주셨을 때 또 한 번 놀랐다.

"십자가에 사람 인(人)자가 있고, 밑에 십자가(十)가 하나 더 있는 형상이네요. 큰 십자가 밑에 사람이 작은 십자가를 지는 꼴(本)이니까 하나님께서 주신 이름이 확실한 것 같아요. 본죽이 십자가를 지고 예수님의 모습을 닮아 가려고 노력하는 것처럼요."

마음에 쏙 드는 이름을 받았으니 메뉴판과 간판에도 영문과 일문을 넣어서 제작했다. 주변에서는 그 작은 데서 너무 거창하게 나간다면서 비웃기도 했다. 한국 음식을 영어나 일어로 설명한 사례가 드물어서 번역가를 찾아가야 했다. 꼭 이렇게까지 해야 되나 싶었지만 우리 매장에 외국인이 앉아서 죽을 먹는 날이 오기를 바랐다.

죽이야말로 '요람에서 무덤까지' 먹는 남녀노소의 음식 아닌가. 누구나 태어나면 엄마 젖과 부드러운 이유식을 먹고, 아플 때면 더운 수프를 먹고 기운을 차리며, 노인이 먹는 마지막 음식이 바로 죽이다. 우리의 전천후 건강식인 죽을 맛보여 주고 싶었다. 소박하나마 3개국에 꼭 그렇게 되기를 바라는 의지와 소망을 담았다.

이런저런 말들을 물리치고 국문, 영문, 일문이 들어간 메뉴판과 간판을 만든 건 사실 주님이 주신 꿈 때문이다. 하나님의 뜻을 이루시려고 내게 꿈을 하나 심어 주셨고 그 소원이 꼬물꼬물 태동되었다고 생각한다. 주님의 소원이자 내 소원! 그래서 이 말씀을 무척 좋아한다.

> 너희 안에서 행하시는 이는 하나님이시니 자기의 기쁘신 뜻을 위하여 너희에게 소원을 두고 행하게 하시나니 모든 일을 원망과 시비가 없이 하라 (빌립보서 2:13-14)

하나님의 비전과 개입이 감사하고 감사할 뿐이다.

## 후미진 골목 2층의 본죽 1호

"집사님, 종로 근처 이화동이라고. 대학로 서울대학병원 뒤에 가게가 하나 나왔대. 2층인데 한번 가볼래요?"

가게를 알아보러 다니던 중에 한 권사님이 한 군데를 소개해 줬다.

대학로라기보다는 이화동 사거리 뒷골목에 늘어선 허름한 건물의 2층. 가게가 비어 있으니 싸게 줄 거라는 말에 달려가 봤다. 외지긴 했지만 통유리도 된, 38평(80㎡)쯤 되는 큰 가게였다. 보증금을 낮추고 월세를 늘리는 조건으로 가게를 얻었다. 나중에 상권 전문가가 와서 보더니 "여기는 뭘 해도 안 되는 자리니까 당장 무르세요." 하면서 난감한 표정을 지었다.

이미 계약금도 넘어갔고 딴 데 얻을 수도 없는 상황, 가진 돈에 맞춰 주었으니 그냥 하기로 결정했다. 전에 남편이 사업할 때 도와줬던 인테리어 사장님, 간판 사장님들이 우리의 재기를 돕겠다며, 나중에 돈 벌면 갚으라면서 외상으로 가게 안팎을 꾸며 주셨다. 한 푼이 아쉬웠을 때 너무나 감사했다.

지나가던 동네 할머니는 한창 가게 열 준비를 하는 우리를 보더니 여기서 장사하다 망한 게 벌써 세 번째라고, 으슥하니까 호프집이나 하면 될 거라고 걱정스러운 조언과 함께 돌직구 한 방을 날려 주셨다.

"새댁이 죽집 할 거라고? 아픈 사람이나 먹지, 누가 돈 주고 죽을 사 먹어? 여기 주변 식당에서도 다 죽을 파는데…."

맞는 말이다. 그때는 그랬다. 유동인구가 많은 대로변에 차려도 될까 말까 한 죽집을 최악의 장소에 오픈했으니 누구나 걱정을 보탰다. 식당을 해본 적이 없으니 눈이 없었다. 어쩌면 잠깐 눈을 멀게 하셨는지도 모르겠다. 누구도 관심 두지 않고, 찾지 않는 '구석 집' 2층을 본죽의 거점으로 택하신 분은 용감한 하나님이셨다.

본죽 1호의 성적은 초라했다. 첫날 오픈했다고 지인들이 와서 팔아 준 몇십 그릇 빼고 다음 날부터는 아홉 그릇, 열 그릇, 열두 그릇밖에 팔지 못 했다. 벼랑 끝에 간당간당 새끼손가락 하나로 매달려 있고 발밑에는 아이들이 줄줄이 붙어 있는 느낌이었다. 이 새끼손가락의 힘마저 빠지면 곧 저 아래로 온 식구가 추락하겠다 싶었다.

내가 의지하고 매달릴 곳은 하나님 한 분. 여기서 물러서면 다시는 희망을 잡을 수 없다는 절박감이 하나님께 더욱더 매달리게 했다. 후에 성공 비결을 묻는 많은 인터뷰에서 당시 가졌던 마음에 대해 남편은 절박함, 나는 간절함이었다고 같은 고백을 했다.

그때의 손님 한 분은 정말 하나님 같았다. 한 시간에 한 명씩 오는 셈이었으니까 손님이 오면 마치 주님이 찾아오시는 듯했다. 맨발로 뛰어나가서 손님을 맞이하고 옆에 바짝 붙어서는 "누가 드실 거예요, 어떻게 해드릴까요, 간을 빼드릴까요, 소금을 넣어 드릴까요?" 손님의 필요와 요구대로 꼼꼼히 챙기고 준비했다. 손님한 분 한 분께 '주께 하듯' 한 것이 성공의 비법이라면 비법이었다.

또 한 가지, 초창기에 장사가 안 되고 힘들었던 것 또한 성공요소였다.

"본죽은 오픈 때부터 승승장구했다. 부모님이 하시던 사업을 이어받지 않았냐." 하는 말도 종종 들었지만 사실은 그렇지 않다. 시작은 너무나 미약했고 우리는 몸부림칠 수밖에 없었다.

일단 주어진 일과 해야 할 일에 최선을 다했다. 6시 출근해 재료 준비, 7시 전단 돌리기, 돌아와 가게 청소와 재료 준비, 점심때는 손님 받고, 오후에는 동네에 스티커 붙이고 전단 돌리는 일을 계속했다.

남편과 나는 정장 차림으로 혜화역에서 90도로 인사를 했다.

"본죽 오픈했습니다. 죽 한번 드시러 오세요."

양복 입은 남녀가 정중하게 전단을 돌리니까 바쁜 행인들도 밀쳐 내지 않았다. 돈 없을 때라 전단 한 장이 귀하니 혹시 버리고 간 것이라도 있으면 주우려고 뒤따라가 보면 한 장도 버려지거나 밟히지 않았다. 필요 없는 전단이라도 정중한 태도로 드리면 안 버린다는 걸 알았다.

조금씩 손님들의 반응이 왔다. 아가씨 몇몇과 부근의 환자들이 가게에 들어와서는 세 번 놀란다.

첫째는 분위기였다. 당시에는 죽으로는 아직 자신이 없어서 죽과 차 전문점으로 찻집 분위기를 냈다. 식당보다는 소파가 있는 레스토랑처럼 편안하게 식사할 수 있도록 쉼터의 느낌으로 배치했더니 "어, 여기 분위기 괜찮네." 하면서 좋아했다.

둘째, 가격에 놀란다. 죽 한 그릇에 양질의 재료를 넣어 온 마음을 담아서 쑤니까 정성 값이라고 생각했다. 원가나 시장가를 고려하기보다는 '이 정성이면 이 정도는 받아야 된다.'고 책정한 고단가였다.

시장에서 파는 죽 한 그릇이 2,3천 원일 때 우리는 싼 게 5천 원, 대부분 8천 원에서 1만 원이었다. 메뉴판 보고 놀란 가슴 진정시키고 일단 들어왔으니까 시켜 본다. '어디 비싼 값을 하나 보자!'

셋째, 양과 맛에 놀란다. 손님들은 나가면서 하나같이 "돈이 아깝지 않다"고, "잘 먹었다"고 인사했다. 처음에는 주로 여자 손님들이 왔는데 곧이어 그분들이 남자 직장동료들을 이끌고 "여기 맛집 생겼다"며 데려왔다. 술 마시고 해장하러 온 남자 손님도 오면서 발길이 이어졌고 입소문을 타고 손님이 불어났다. 하루 50그릇이 넘어가기 시작하자, 목표를 100그릇으로 올려 잡았다.

소문이 나는 건 좋은데 감당이 안 됐다. 50그릇 이상을 넘어가니 주방도 홀도 손발을 다 드는 상황이 벌어졌다. 각자 다른 메뉴를 주문하면 주방에서는 일시에 전쟁이 터진다. 나도 이리 뛰고 저리 뛰다 울어 버린 적도 있었다.

4명이 와서 다 다른 걸 시키면 음식 나오는 시간도 다 달랐다. 점심시간은 한정되어 있고, 30분에 한 그릇씩 나오니 4명이서 두 그릇을 나눠 먹고 회사로 돌아가야 했다. 막 화를 내고 나가는 손님께 미안하다고 돈을 안 받는 일이 생기다 보니 불안 증세가 도졌다. 점심때가 다가오면 노이로제 증상이 나타났다. 발소리, 특히 한 무리의 발소리가 들려오면 심장이 쿵쾅거리면서 걱정이 앞섰다. 지금 생각해 보면 초짜 티, 아마추어 냄새를 엄청 내며 헤매던 초반이었다.

## 낮에는 장사, 밤에는 시뮬레이션

업그레이드의 때가 왔다.

테이블이 13개, 좌석이 48석이니 점심 손님이 한꺼번에 몰려오면 원활하게 대접할 수가 없었다. 테이블 그림을 그려 놓고 만약 이 테이블에서 이렇게 주문하면 주방에서는 어떻게 해야 하나 고민했다. 4명이 모두 다른 것을 시켰을 때, 혹 같은 것을 시켰을 때, 전통죽을 시켰을 때, 영양죽과 섞어 시켰을 때 같은 상황별 시뮬레이션을 밤새 해봤다. A타입, B타입, C타입으로 나누고 다음 날 적용하면서 개선점을 찾았다. 미리 반찬 세팅해 놓기, 포장 주문 처리, 계산서에 주문을 기록하는 동시에 주방에서 바로 준비하기 등을 연구하며 가장 효율적인 방법을 모색했다.

전에는 절대 두 그릇씩 쑤지 못하게 했지만, 불이 여섯 개밖에 안 되는데 주문이 몰리면 순차적으로 진행이 되지 않았다. 같은 종류의 죽은 두 그릇씩 몰아서 쑤기도 하고, 전통죽이나 영양죽이 섞여 들어오면 전통죽부터 믹서기에 돌리고 영양죽을 쑤는 순서로 주문에 따른 매뉴얼을 하나하나 만들어 나갔다.

천천히 매뉴얼을 연구해 가던 와중에 제일 바쁜 주방에서 파업이 일어났다. 조리 감당이 안 되니까 더 이상 손님에게 옵션사항을 묻지 말라는 거였다. 소금 빼, 나눠, 갈아 하면 손이 더 가야 하니 바쁜 시간에는 일일이 묻지 마라, 한 그릇씩 쑤던 거를 미리 쑤어 놓고 팔자, 메뉴가 많으니까 점심때는 서너 가지 잘나가는 걸로만 받자, 특히 환자 손님의 이런저런 요구를 다 받아 주지 말고 원래 레시피대로만 쑤어 주자, 그러지 않으면 다 해낼 수 없다는 주장이었다.

고민이 됐다. 손님은 늘어가고 있는데 정말 그게 최선인가? 내가 손님이라면 그 집 좋다 홍보하면서 자주 왔는데 이제 손님 많고 바쁘다고 갑자기 "죄송하지만 이제 못 갈아 드려요. 소금 못 빼 드려요." 한다면 "이 주인, 그 사이에 배불렀네." 하면서 돌아설 게 너무나 자명했다. 음식점은 많고 친절 신속한 맛집은 더 많다. 위기의식을 느낀 나는 직원들을 모아 놓고 설득했다.

"힘든 건 압니다. 하지만 우리 손님의 입장에서 생각해 봅시다. 음식이 상황에 따라 맛과 서비스가 변해서는 안 된다고 봐요. 그건 배신이고 교만이에요. 기존 손님 다 떨어지면 우리는 앞으로 나갈 수 없을 겁니다. 이런 때일수록 더욱 성실하게, 초심을 잃지 않고 정성을 쏟아야 합니다. 어려우면 직원을 더 쓸 테니 조금만 더 잘해 봅시다."

지금 생각해 보면 아찔하다. 편한 길을 찾아서 미리 죽을 쑤어 놓고 팔거나, 손님의 필요를 무시하고 "레시피대로 만들어 드렸는데요?" 해버렸다면 오늘날의 본죽은 없었다.

또 하나, '양을 줄이고 가격을 내려 달라.'는 소비자의 제안도 있었다. 합리적인 말처럼 들렸다. 또 한 번 시험에 들었다. 양을 줄이고 가격을 내리면 손님이 더 많아진다고? 과연 그럴까? 아침저녁으로 고민을 했다. 손님들한테 질문지를 돌려 봤는데, 양을 줄이는 걸 좋아하는 사람이 없었다. 양이 많아서 좋다는 반응이 더 많았다.

다음에는 달콤한 유혹이 찾아왔다. 주변 병원 등에서 배달을 해달라는 요구였다. 죽의 특성상 배달하는 동안 식고 불어 버릴 위험이 있었다. 인건비 등 여러 면에서 우리가 원래 지키고자 했던 가치를 다 잃을 것 같았다. 타협 없는 결단을 하고 초심을 지켜내는 어려운 선택의 기로들이 초반에 많이 있었다. 본죽의 정체성을 지키고 성장시킨 매우 중요한 결단이었다.

고객을 우선순위에 두고 생각해야 할 때마다 주님께 묻고 기도했다. 역시 손님을 사랑하는 쪽, 고객 중심의 선택 덕분에 기업이 커졌다고 생각한다. 쉬운 길을 택했더라면, 고객 우선의 길 대신 주인 우선의 길을 택했더라면 이렇게 오래 사랑받는 좋은 브랜드가 나오지 못 했을 것이다.

어느 정도 자리가 잡히고 많은 손님도 감당할 만한 시스템을 갖추게 됐을 때 하나님은 내게 '수직상승의 문'을 활짝 열어 주셨다.

오픈 7개월쯤 계단까지 손님들이 줄을 섰을 때, 한 방송 프로그램에 우리 매장이 소개되었다. 맛집으로만 소개해 줘도 감사한데 '뜨는 죽집, 죽집을 인큐베이터하는 본죽'이라고 방송을 탔다. 죽을 드시러 오는 손님도, 죽집을 내고 싶다고 오는 고객도 많아지면서 유명세를 치르게 됐고 매출은 곧장 수직상승했다.

방송의 도화선을 타고 2인 기업이었던 본죽이 얼떨결에 가맹사업을 시작하게 됐다. 나는 상담하고 남편은 매장 오픈을 맡아 일주일에 매장을 8개씩 오픈할 정도였다. 물류센터도 없는 상태여서 가맹점을 하겠다고 오시는 분들에게 최소한의 가맹비만 받고 노하우를 전수하며 오픈을 도왔다. 이런 프랜차이즈는 없다며 좋다는 입소문이 나면서 친척들을 연결했고 문의와 오픈이 이어졌다.

홍보사업 한 번 하지 않은 채 가맹사업이 본격화되고, 오픈하는 매장 족족 다 대박을 냈다. 살아 있는 유기체마냥 본죽은 스스로 확대되어 갔다.

2년쯤 지나 가맹점이 200개쯤 됐을 때 치명적인 위기가 왔다. 남편은 가맹사업을, 나는 점주 교육과 오픈, 매장 운영을 맡아 정신이 없을 때였다. 개인사업자로 시작했는데 본죽이 알려지기 시작하니까 돈을 엄청 번 것처럼 보였나 보다. 누군가의 투서가 있었던 것 같은데 지금은 하나님이 하셨다고 본다.

세무조사가 나왔고, 모든 일이 원점으로 돌아가는 대형 참사를 맞았다. 많이 벌지도 못했는데 그걸 다 세금으로 내고 나니 다시 마이너스가 됐다. 자료 근거의 부족과 관리 허술, 세금 무서운 줄 모른 무지 때문이었다. 적절한 때에 맞은 타격이었는지도 모른다. 그때는 "죽 쒀서 개 줬다."며 비아냥거리는 주위의 소리가 상처에 뿌리는 왕소금마냥 쓰렸다.

그냥 직영점 몇 개만 하면서 살 것인가, 아니면 재정비해서 앞으로 나갈 것인가의 기로에 서서 함께 많이 기도했다. 이제 글도 쓰며 조용히 살고 싶다는 생각이 속에서 다시 스멀거렸다. 요리사도 아니고, 음식점에 대한 비전이나 사명도 없는 내게 이 정도면 우리 식구 먹고살 수는 있지 않을까? 심신이 많이 지쳐 있었다.

오래 서 있다 보니 다리가 붓고 하반신 마비가 와서 발가락에 감각이 없어졌다. 어느 날은 음식의 간이 전혀 느껴지지 않았다. 죽 쑤다 혀가 다 데여 미뢰가 하얗게 죽은 상태였던 것이다. 얼굴과 다리에 침을 맞으며 장사를 병행했다.

남편은 나와 달랐다. 다시 해보고 싶다고 했다. 엇갈린 의견 속에 결국 남편의 뜻을 따랐다. 남편은 종로로 사무실을 옮기고 회사를 주식회사로 만들면서 물류센터와 직원 시스템을 갖춰 가맹사업에 매진했다. 솔직히 나는 빠지고 싶었다. 여기까지만 해도 괜찮다 싶었는데 하나님의 생각은 또 달랐다.

## 인생은 다모작, 둘 다 하세요

한번은 나의 은사이자 멘토에게 상담을 받으러 갔다.
"제가 잘하는 일과 좋아하는 일이 달라서 고민이에요. 잘하는 일은 가르치고 상담하는 일인 것 같아요. 점주들을 교육하고 가게 오픈하는 걸 잘 도와 왔어요. 좋아하는 일은 조용히 책 읽고 시 쓰는 일이고요. 두 가지 중에 택일하라고 하면 이제는 좋아하는 일에 집중하고 싶어요."

선생님은 단순명료한 정답을 주셨다.
"그럼 잘하는 일과 좋아하는 일 모두 다 하세요. 인생은 다모작이니까요. 되도록 다른 이들에게 유익을 주고 기쁨이 되는 일을 더 많이, 더 먼저 하세요."

답은 얻었지만 두 일의 동시 실행을 위한 기도제목이 또 생겼다.

그런 와중에 특별한 분을 만나 나를 돌아보게 되었다. 칼국숫집을 하던 분이었는데 본죽으로 바꾸고 싶다며 상담을 했다. 남편은 와병 중이고 세 딸은 모두 학생이었다. 사정을 듣고는 우리도 큰 부담감을 안고 검토를 많이 할 수밖에 없었다. 직접 가서 보니까 가게가 좀 넓었다.

남편은 "전체를 다 죽으로 바꾸지 말고 반씩 해보자."는 아이디어를 냈고 다행히 대박이 났다. 그분은 저녁마다 '오늘은 몇 그릇이 올라갔어요. 오늘은 이랬어요.' 하시며 계속 연락을 하고 고맙다며 선물을 보냈다.

좋아하는 일과 잘하는 일 사이에서 고민하고 있던 내게 특별한 보람이 느껴졌다. 시를 쓰고 가르치는 일로 오는 보람과 한 가정의 아이들이 자라고 가업이 되는 추이를 보는 보람, 어떤 게 나한테 더 가치 있고 가슴 뛰는 일일까 기도하게 됐다.

"복이야, 한 가정을 세우고 살리는 일이 얼마나 귀하니?"

나도 죽집을 열어 우리 가정이 살았지만, 가맹점주들 또한 칼국숫집 사장님처럼 너무나 절박한 분들이 찾아왔다. 절망했던 분들이 본죽 덕에 살아났다는 말을 해줄 때 '아, 내가 시집 내고 책 내서 선생 되고 교수가 되면 이런 보람을 느낄 수 있을까? 주님이 주신 이 축복으로 이분들께 힘이 된다면 이게 더 크고 가치 있는 일 아닌가? 보람 있는 일을 먼저 하고 시도 쓰면 되지.' 이런 결론을 얻게 됐다.

더 쉬운 길, 원래 꿈꾸던 일을 향한 마음에서 돌아서게 하셨지만 본죽과 생활에서 시를 건져 올리는 덤을 주셨다.

### 얼지 않는 꿈

세상은 협박한다

제자리로 돌아가라고

견딜 수 없는 압박

수없이 겹쳐 입은 옷 사이로

황소바람이 지나간다

(…)

어떤 경우에도 열망을 접으면 안 된다

얼지 않는 꿈은 절대 무너질 수 없는 법

신은 거기서 뜨겁게 역사한다

기적처럼

외식 컨설팅 회사를 다니게 해주심을 감사하게 된 건 한참 후였다.

요리사들을 도와 재료 다듬고 심부름하며 상담도 하는 과정을 통해 하나님은 내게 가장 중요한 트레이닝을 반복하게 하신 셈이다. 그때는 요리나 외식이 내 인생과 연결될 거라고는 상상도 못했다. 오히려 내 꿈과는 상관없는 그 자리, 그 일이 내 인생에 무슨 의미가 있나 싶어 소모적인 시간 같기만 했다.

인생은 퍼즐이 맞춰지는 과정이라고 한다면, 그 시간은 내 인생에서 빠져 줬으면 하는 미운 조각이라 할 정도로 힘들고 싫었다. 하지만 그 조각이야말로 본죽을 준비하는 인큐베이팅 시간이었고, 하나님의 사람으로 거듭나는 훈련 기간이었다는 것을 나중에 기도하다가 문득 깨닫게 되었다. 가장된 축복의 시간이었다는 것도, 인생의 그늘이 그늘로만 끝나지 않는다는 것도 알게 되었다.

요리사의 지도대로 음식을 해보면서 요리의 원리, 재료의 효율, 레시피, 계량화, 동일한 맛과 통일성을 유지하는 비결들을 알게 모르게 배웠다. 그걸 이렇게 잘 써먹게 될 줄은 상상도 못했다.

형통과 곤고가 병행되는 우리 인생에서 많은 일들이 일어난다. 거기서 무의미한 일은 하나도 없다. 그 일들은 촘촘히 연결되어 인생을 엮어 간다. 시련의 수업 끝에 '인생과 우주 만물은 하나님 손아귀에 있다.'는 진리를 깨닫고 내 모든 것을 주님께 내려놓을 수 있었다. 모두가 떠나가고 혼자 있는 나에게 마지막까지 남아서 나를 일으키신 오직 한 분 덕분에.

'하나님은 이 모든 축복의 단계들을 내가 기도하면서 하나씩 열어 가기를 원하셨구나. 매장 하나에서 수많은 시행착오와 장애물을 극복하는 실습을 통해서 프랜차이즈 역량을 준비시켜 주셨어. 외식요리학원 때는 음식점 창업의 노하우를, 본죽으로는 프랜차이즈의 노하우와 매뉴얼을 만들도록 기대하며 가르쳐 주셨고….'

하나님이 축복해 주기를 작정해도 우리가 이 땅에 발을 딛고 해야 할 일이 있다. 신앙은 이상이 아니고 현실이며 삶으로 살아 내야 하는 숙제이기 때문이다. 하나님의 말씀과 기대를 내 삶에서 매일매일 실천하며 펼쳐 내야 한다는 걸 깨달았다.

상도 주고 병도 주고 지혜도 주신 하나님을 느끼며 다시 일어날 수 있었다.

나쁜 수업은 없다고 했던가. 앞선 실패와 경험들이 층층이 쌓여 강력한 밑거름이 됐다. 지금은 우리의 흥망 수업이 모두 주님의 일에 필요한 통합교육과정이었다고 간증한다. '지진은 새로운 샘을 드러낸다.'는 말, 옳다!

2막

# 거듭된 혁신과 기업 문화 세우기
## - 성경적 가치경영

위기관리: 불만OO과 추적OO / 혁신, 전혀 다른 기업으로 : 사람과 시스템 /
성경적 가치경영 : 6대 핵심 가치 / SM과 TM의 팀워크 / 본죽인으로 세우는 기업 문화 /
본사모 : 본죽을 사랑하는 모임 / 경영원칙 : 섬김과 화평 / 본브랜드연구소 : 제2브랜드 본비빔밥 /
글로벌 브랜드 : 본죽&비빔밥

## 2막

# 거듭된 혁신과 기업 문화 세우기
## - 성경적 가치경영

형통한 날에는 기뻐하고 곤고한 날에는 되돌아보아라
이 두 가지를 하나님이 병행하게 하사
사람이 그의 장래 일을 능히 헤아려 알지 못하게 하셨느니라
(전도서 7:14)

### 위기관리 : 불만OO과 추적OO

매장이 500개 가까이 늘어났을 때 건강에 치명타를 맞았다. 어지럼증이 와서 쓰러지고 말았다. 아무리 멀어도 오픈 등 모든 것을 주도했기 때문에 누워 있는 3일간 일주일에 5, 6개씩 열던 가맹점의 오픈을 연기해야 했다. 머리도 들 수 없는 상태에서 기도

를 했다.

'아, 이제는 혼자 하면 안 되는구나. 이러다 못 일어나면 인수인계조차 불가능하고 큰일 나겠다. 직원들에게 위임할 때가 왔어.'

본브랜드연구소에서 본교육센터까지 확장하게 됐다. 역시 시기적절했다. 교육, 메뉴 만들기, 오픈 지도하기 등 역할 분담을 하니 더욱 체계적으로 진행할 수 있었다. 지속가능한 매장의 운영관리를 도울 교육센터를 세워 오픈교육에서 관리교육과 재교육까지 이어지게 했다. 더 많은 이들에게 유익하고 더 많은 일들을 감당하는 회사로 성장하면서 꿈꾸던 1,000억을 눈앞에 두고 있었다.

3일간의 점주 교육 중 마지막 날에는 내가 '성공 특강'이라는 제목으로 1시간 강의 겸 간증을 한다.

현장에서 어떤 마인드로 가게를 운영해야 되는지를 나눴더니 사장님들한테 많은 도움과 위로가 된다고 했다. 퇴직금 몽땅 가져오거나, 빚 얻어서, 융자 받아 오는 절박한 분들의 소자본 생계형 창업이니 절대 잘못 되면 안 된다. '가장 무거운 무게가 가장의 무게' 아닌가. 나도 그 무게를 짊어져 본 사람으로 책임이 무거웠다.

아이러니하게도 돈에 너무 연연하다 보면, 돈 버는 데만 초점을 맞추면 망하게 된다. 게다가 슬로푸드인 죽은 은근하고 뭉근하게 천천히 끓여야 하는 인내의 음식 아닌가. 저 멀리 달아나는 돈을 쫓기보다 소비자 중심으로 생각하기, 죽 한 그릇에 목숨을 거는 헌신과 사랑이 가장 중요했다.

"죽은 아기의 이유식부터 노인의 마지막 음식이 되고 있습니다. 한번은 상갓집에 갔는데 상주 한 분이 저를 붙잡고 '우리 어머님이 마지막까지 본죽을 드시다가 돌아가셨어요.' 하시며 감사하셨어요. 가슴이 뭉클해지면서 막중한 사명감을 다시금 느꼈습니다.

사장님들도 지역 주민들에게 사명 음식을 대접한다는 마음으로, 죽 한 그릇에 영혼을 담아 주십시오. 돈 좀 더 벌겠다고 음식을 함부로 하지 마십시오. 어떤 손님이라도 가벼이 여기지 마십시오!"

외식업계에서 믿지 않는 이들에게까지 기독교적 가치를 강요한다는 건 참 어렵다. 하지만 기독교의 선한 가치인 사랑은 누구에게나 감동을 주기 마련이다. 특히 사랑이 삶으로 드러날 때는 모든 이들에게 공감을 얻는 것 같다.

본죽의 1,500여 가맹점 사장님들 중 크리스천은 30~40% 정도다. 우리의 기업정신이 그분들에게도 좋은 울림과 영향을 준다고 본다. 성경적 가치로 이웃을 사랑으로 섬기고 존중하는데 싫어할 리가 없다.

잘될 때도 어려울 때도 사장님들께 문자로 기도문을 보낸다.

신앙과 상관없이 모두 자신들을 위한 기도이기 때문에 무시하지 않는 것 같다. 가랑비에 옷 젖기를 바라며, 오너로서 본을 보이고자 기도문을 띄운다.

어느 순간, 본죽은 성장 중심의 기업으로 쏠려 있었다.

매장이 500개가 됐을 때는 목표를 700개로 올리고 700개 됐을 때는 "아직 안 들어간 곳이 많으니 1,000개 합시다!" 하면서 상향 조정했다.

내심 700개쯤 되면 포화되니 다른 브랜드를 더해야 된다는 얘기는 했지만, 새로 론칭한 몇몇 브랜드는 그럭저럭 안타 수준이라서 아무래도 본죽 의존도가 높았다. 매장 확대는 도시 중심으로 이루어졌고, 너무 가깝게 차려진다 싶을 정도로 가맹점들이 촘촘히 들어서게 됐다.

법적으로는 문제가 없는 거리를 유지하긴 했지만, 심리적으로는 매출이 떨어질까 사장님들은 노심초사하는 모습이었다. 새 매장이 열리면 손님 뺏긴다는 피해의식과 위기감을 드러냈다.

가맹점주들을 교육하면서 쌓은 친밀도와 신뢰도가 있었기 때문에 나한테 가끔씩 눈물로 하소연하며 조정을 부탁했지만 나는 그럴 힘이 없어서 안타까웠다. 본사 직원들과 상의해 봤지만 전체적으로 가맹점 간 거리에는 큰 문제가 없었고, 기업이 성장하다

보면 모든 가맹점을 100% 만족시킬 수 없다는 논리에도 수긍을 했다.

그런데도 기도할 때마다 그분들의 얼굴과 얘기들이 계속 마음에 부담으로 남았다. 하나님의 신호를 너무 가볍게 여겼던 것이다. 주변의 칭찬과 낮은 폐업률 등을 자부심처럼 여기며, 잘 가고 있다는 착각에 빠졌다.

'매장 하나로 온 가족이 먹고사는 저 사장님의 기도를 하나님이 들으실까? 내 기도를 들으실까?'

이런 부담감과 두려움이 왔을 때 깊이 고민했어야 했다. 그 후 크게 회개했지만, 지금도 그때 참 부족했구나 통감한다.

그 와중에 2010년, 상복이 터지면서 겹경사로 행복했다. 우리끼리는 그랜드슬램이라고 말할 정도로 크나큰 상 3개를 다 휩쓸었다. 지식경제부장관상(2007), 중소기업청장상(2008), 대한민국 CEO대상 고객만족 경영부분 수상(2009), 지속가능경영대상 중소기업대상(2010), 한국프랜차이즈대상 대통령상(2010)을 수상하며 승리감에 도취되었다.

'한식 프랜차이즈로는 최초로 7, 8년 만에 가맹점 1,000개를 돌파하며, 국내에 죽 시장이라는 블루오션을 개척했다.'는 보도와 더불어 소비자중심경영 인증도 획득하면서 외식 프랜차이즈의 톱 브랜드가 되었다는 기쁨을 누렸다.

하나님의 상표와 작품으로 대신 받은 상들은 우리를 교만하게 했다. 직원들, 가맹점 사장님들, 협력사 사장님들이 하는 얘기에 귀 기울이지 못했다. 성경에도 잘나갈 때 자고하여 넘어질까 조심하라는 말씀이 있는데 이것이 위기라는 생각을 못했다.

그런즉 선 줄로 생각하는 자는 넘어질까 조심하라 (고린도전서 10:12)

매장이 많아지니 가맹점주들은 수익을 극대화하기 위해 자충수를 두기 시작했다. 우리는 그걸 감지하지 못했다. 우리는 매출, 점주들은 수익을 높이느라 동상이몽하는 사이, 기업이 좀먹고 있었다는 걸 깨닫지 못했다.

2011년 11월 소비자 프로그램인 불만OO를 통해 두 개 영업점에서 일어난 비위생적인 실태가 폭로되고야 말았다. 처음엔 설마 했는데 사실 여부를 확인하고는 할 말을 잃고 며칠 밤을 못 잤다. 밤새도록 회개하면서 아버지께 구해 달라고 SOS를 쳤다.

다른 대안이 없을 때 하나님은 정면돌파의 지혜를 주셨다. 정공법을 따라 모든 것을 인정하고 공개 사과를 했다. 전 가맹점에게 쇄신 선포를 했다. 특별점검반을 만들고 기도하는 동안 하나님이 세 가지 행동코드를 지시하셨다.

'첫째, 가맹점 오픈을 멈춰라. 둘째, 5년 되면 무조건 하던 가맹점 리뉴얼도 전면 중지해라. 셋째, 어떠한 경우에도 가맹점과 싸우지 말고 협력해라.'

임원회의에 곧장 전달했다. 프랜차이즈 회사에서 가맹점 사업을 올 스톱한다? 그건 곧 기업을 포기하는 일이라며 쌍수를 들고 반대했다.

"한쪽 문을 닫으면 다른 문을 여는 분이 하나님입니다. 다시 고객을 섬기는 자세가 지금 우리가 취해야 할 최선의 방법입니다."

나는 설득하고 기도했다.

"아버지, 우리는 죽게 되더라도 가맹점은 살려 주십시오. 가족의 생계가 걸린 가겝니다. 우리가 대신 당하겠습니다. 이 가맹점들을 살려 주세요."

매출이 반 토막 이상 떨어져 나갔다. 입에 올리기도 죄스러운 '재활용 쓰레기죽'이라는 비난에 기업의 신뢰와 공력이 와르르 무너져 내렸다.

대책회의라며 전 가맹점주들이 모였다. 서울에서 700명, 지방에서 450명이 모여 거센 항의를 쏟아 냈다.

"가맹점을 너무 많이 열어서 이런 일이 터진 것 아니요? 그러니 본사가 다 책임을 지시오."

정작 사건은 매장에서 일어났는데 사장님들은 모두 본사 탓으로 돌렸다. 해명할 길이 없었다. 남편은 절대 안 된다고 반대하던 3대 코드를 꺼내 들었다. "가맹점 오픈 금지, 리뉴얼 중지 그리고 물건값이나 물류비를 대폭 할인해 주겠다."고까지 선포했다. "다시 함께 잘해 보자!" 신뢰를 회복하면서 모든 상황은 수습됐다. 매장마다 새 마음, 새 뜻을 세우고 새롭게 거듭나야 된다고 다짐했다.

그러나 2015년 봄, '추적○○'의 보도로 또 한 번 열병을 앓았다.

한 임원이 퇴직 후 '본&○○'이라는 브랜드를 만들었다. 그래서 우리의 노하우와 가맹점을 상대로 영업하는 것에 대한 경고를 했는데, 그것이 문제가 되었다.

불만○○ 사태와는 다른 버전의 위기가 찾아왔다. 우리 부부가 공격을 받았다. 기업 이미지는 오너 이미지와 맞물리는데, 본아이에프의 오너가 악덕업주처럼 왜곡되어 방송되었다. 직원들도 많이 놀라고 분노했다. 사실무근, 부풀림, 이미지 추락, 불이익. 이 첩첩산중의 위기를 어떻게 극복해야 되나 많이 기도했다.

하나님은 "분내고 화내는 건 지는 거다. 싸우지 마라. 화목하고 화평하라"는 말씀을 주셨다.

법적 방법을 강구하고 있을 때, 강자인 우리가 약자인 그들과 싸우는 모습이 하나님 보시기에 합당하지 않다는 걸 알았다. 그건 세상의 방법 같았다. 남편도 맞대응하겠다던 생각을 모두 접었다. 살아남기 위해 그렇게 했던 관련자들을 만나 이해하고 품기로 하고 다른 방편을 마련해 줬다. 우리 식구들이었으니 끝까지 선대하는 것이 하나님의 방법과 용서였다.

주님의 기업답게 해결해 나가면 전화위복의 은혜를 주신다는 것을 확인했다. 보이는 것만 믿는다 싶었던 소비자들이 나서서 편파방송이라고 규정해 주고, 우리 편을 들어주는 일이 일어나면서 매출에는 큰 영향이 없었다. 공격과 시련은 기업을 더 단단하고 반듯하게 나가게 하는 분기점이 되었다. '시련은 오래가지 않으나 시련을 이긴 사람은 오래간다.'는 말처럼.

당시 사회 분위기는 갑을 문제로 떠들썩하고, 프랜차이즈 시스템에 대한 많은 부분이 재점검되던 시기였다. 그래서 공정거래위원회나 동반성장위원회 같은 곳에서 이런 부분들이 한창 화제가 되고 있었는데, 위기로만 보였던 하나님의 예방접종 덕분에 우리는 이 문제에서 자유로울 수 있었다. 더불어 다음 성장 코드로 가는 단계 또한 통과하게 하셨다. 순수본, 본푸드서비스로 새로운 성장엔진을 모색하고 다양화하기 시작했다.

맞대응하지 않았더니 2016년에는 9년 연속 소비자웰빙지수 1위 기업과 함께 소비자평판지수 1위 기업으로 인정받았다. 꿋꿋하게 소비자 신뢰도를 지켜 주신 하나님의 보상과 상급에 감사하다.

할 수 있거든 너희로서는 모든 사람과 더불어 화목하라 (로마서 12:18)

## 혁신, 전혀 다른 기업으로 : 사람과 시스템

남편은 연이어 두 번째 폭탄선언을 했다.
"저는 이제 물러나겠습니다. 최복이 연구소장에게 대표를 위임하고 저는 새 성장동력을 찾겠습니다."
사표가 공식화되고 나는 위임을 받았다.
남편은 중소기업에서 중견기업으로 가고 싶은 열망 때문에 이런 일이 생겼다고 했다. 남편은 사표를 내는 것으로 책임을 졌고, 나는 누리기만 했으니까 그 일을 감당하는 걸로 책임을 졌다고 나름의 결론을 내렸다. 이 기업은 하나님의 기업이니 하나님이 살려달라고 간구하며 하루하루 주님의 지시를 따라 움직였다.
"아버지, 제가 어떻게 기업을 이끌 수 있겠습니까? 주님이 모든 걸 인도해 주시기 원합니다."

"지금처럼 나한테 묻고 또 물으면서 하면 된다. 네가 약하니 나를 더 많이 의지해라. 나의 뜻대로 갈 수 있기 때문에 이 기업을 너한테 맡긴다."

항상 노트를 가지고 다니며 기도하고 메모했다.

"오늘은 무엇을 할까요? 이 일은 어떻게 진행해야 할까요?"

새로운 화젯거리나 결정사항, 신규사항들을 날마다 묻고 받아쓰고 임원회의에 가지고 갔다. 무응답일 때는 다른 임원을 통해서 해결책이 나왔다. 나는 그 해결책을 그 임원에게 위임을 하고 동기부여를 하면서 그가 완수해 내는 것을 봤다.

이어서 전혀 다른 기업으로 거듭나라는 두 가지 혁신 코드를 받아 적었다.

"이제 사람을 바꿔라. 그리고 시스템도 바꿔라."

새삼 이전에 ○○경영센터에서 배운 상담학, 인문학, 코칭 수업 등을 상기시키셨다. 하나님은 부지불식간에 나를 가르치고 준비시키셨던 것이다.

전에는 고객인 가맹점에서 수익이 창출되는 구조였다. 그러나 하나님은 가맹점, 소비자 그리고 직원들까지도 고객으로 보고 전체 시스템을 바꾸라고 하셨다.

가장 가까이에 있는 직원들이 중요한 동역자라는 마음을 주셨다. 직원들을 바르게 성장시켜야만 가맹점과 가맹점의 소비자에게까지 하나님의 가치가 흘러간다는 것을 깨닫게 하셨다.

## 성경적 가치경영 : 6대 핵심 가치

### 본월드의 사명과 비전

**본월드 경영맵**

설립이념
**모두가 협력하여 선을 이룬다!**
All things work together for good

미션
건강한 한식으로 세계인의 건강을 돕는다.

비전
세계인의 한식 일상화

사훈
하나님께 영광, 세상에 빛과 소금

슬로건
어머니의 사랑, 맛있는 건강

6대 가치
- 경쟁보다 '협력' / 성공보다 '사명'
- 개인보다 '우리' / 계약 보다 '약속'
- 이윤 보다 '가치' / 빨리 보다 '멀리'

BON

① 경쟁보다는 '협력'

② 성공보다는 '사명'

③ 개인보다 '우리'

④ 계약보다는 '약속'

⑤ 이윤보다는 '가치'

⑥ 빨리보다는 '멀리'

세상의 가치를 뛰어넘는 하나님의 가치!

먼저 나온 가치가 좋은 수준, 굿(Good)이라면, 뒤에 온 가치는 위대한 수준, 그레이트(Great)로 대비된다. 당장의 돈보다 궁극의 가치라는 푯대를 향해 경주하는 '가치경영'을 가르치셨다. 성부 하나님의 가치이자 예수님이 보이신 본을 따라 경영해라. 본죽의 설립 이념인 '모두가 협력하여 선을 이룬다(All things work together for good)' 또한 우리의 목표이자 가치다.

6대 가치 중 가장 와 닿는 말씀은 '성공보다는 사명'이다. 세상적인 성공보다 주님의 선한 영향력에 치중하고자 한다. 나는 사명과 선한 영향력을 위해서 기업을 이끌고 있다. 이윤보다는 가치를 추구하는 것이야말로 진정한 성공이고, 성공을 넘어서는 진정한 승리라고 본다.

세상이 생각하는 성공과 크리스천이 추구하는 성공 사이에는 차이점이 있다. 성공에는 과정과 부연 설명이 따라야 하지만, 승리는 하나님이 함께하셨으니 그 자체로 과정이면서 결과다. 세상의 성공과 믿음의 승리는 사뭇 다른 것 같다.

음식 기업이자 크리스천 기업이니 가장 중요한 가치는 사랑이다. 윗사람이 자신을 인정하고, 사랑하고, 같이 성장하기를 꿈꾸며 돕는다는 것을 알 때 직원들의 화력이나 엔진 또한 더욱 강력해진다.

나 혼자서는 여기까지, 이렇게까지 오지 못했다. 모두 하나님이 주신 지혜와 성령님의 도우심, 귀한 동료들의 헌신이 있었기에 가능했다. 항상 '성령 100℃'를 유지하도록, 하나님을 향한 열정과 애정이 식지 않도록 기도하고 있다.

지금까지 국내 죽 프랜차이즈 업체 부동의 1위를 수성하고 있는 본죽은 '웰빙 종결자'라는 별칭을 얻으며 외식기업의 '본'이 되었다.

"본죽은 하나님의 작품입니다. 모든 메뉴는 하나님이 주신 선물입니다."라는 나의 고백이 창업한 지 채 10년도 안 되어 그대로 수면 위로 떠오르게 된 셈이다.

하루 열 그릇도 못 팔던 미약한 처음, 하루 1백 그릇을 목표로 했던 초보에서 지금은 전국 1,500여 가맹점에서 하루 10만 그릇의 죽과 비빔밥 등을 팔고 있다. 천 배, 만 배의 빠른 성장을 하나님의 성취 외에는 설명할 다른 말이 없다.

매일 새벽, 기도로 하루를 시작하고 오전에는 점주 교육과 회의, 점심때는 본점 4층의 오피스텔 방 하나를 기도실로 썼다. 12시에서 2시 사이에 기도하고 성경 보고, 성경 쓰기나 기도 편지를 쓰면서 하나님이 주신 지혜로 내게 주어진 일들을 감당했다.

이 기도실을 워룸(war room)이라고 부른다. 음식은 입으로 들어가고 몸에 머물며 겉으로 드러난다. 생명을 유지하게 하고 건강과 직결된다. 그러니 음식 장사는 매일 살얼음판 위를 걷는 일과 같다. 사랑과 정성은 기본이고, 특히 여름철 위생과 청결, 재료의 상태에는 온 신경을 곤두세워야 한다. 아홉 번 잘했다 해도 열 번 잘할 때까지 결코 안심하거나 방심할 수 없는 일이다.

이 위태로운 전쟁은 '하나님께 속한 것'이니 주님이 싸워 달라고, 지혜를 달라고 나는 기도의 전쟁을 치른다. 닥쳐온 여러 위기를 기회 삼아 오히려 더 성장할 수 있었다. 우리의 길이 험난했던 만큼 키맨(key man)이신 하나님의 손길은 선명하게 드러났다.

워룸. 무릎으로 성령 하나님과 독대하는 나만의 경영전략기획실이다. 국내외에서 벌어지는 온갖 산전수전을 치르면서도 여전히 나아갈 수 있는 필살기이자 최종병기다. 은밀하고 위대하신 주님과 공중전으로 만나는 이 방에서 나는 기업경영, 자기경영, 가족경영의 지혜와 동력을 얻는다. 낙타처럼 순종하는 무릎, 약하고 겸허한 마음으로 성령님의 신호에 따라 움직이니까 성령경영, 무릎경영이라고 명명하고 자랑한다. 사랑과 섬김의 리더이신 예수님을 본받아 종의 리더로서 서기 위한 레슨실을 사랑한다.

단언컨대 우리의 영업 비밀은 딱 한 가지다. 바로 '워룸의 무릎'이다.

> 너는 기도할 때에 네 골방에 들어가 문을 닫고 은밀한 중에 계신 네 아버지께 기도하라 은밀한 중에 보시는 네 아버지께서 갚으시리라 (마태복음 6:6)

> 건축자가 버린 돌이 집 모퉁이의 머릿돌이 되었나니 이는 여호와께서 행하신 것이요 우리 눈에 기이한 바로다 (시편 118:22-23)

## SM과 TM의 팀워크

경영의 두 가지 혁신 코드 중 하나인 시스템 개편을 위해 먼저 가맹점의 슈퍼바이저 역할을 하던 관리자들을 SM(Store Manager), 즉 통합매니저라고 이름을 바꿨다. 감시감독자가 아닌 가맹점 사장님과 머리를 맞대고 매장 활성화와 지역 상권을 분석하고, 매출 증가 컨설팅과 홍보 등 매니지먼트를 해주는 역할, 한마디로 '가맹점 행복을 돕는 사람들'이다.

동기부여를 새로이 하고 철저히 교육했더니 사장님들도 차츰 '우리 SM, 우리 SM' 부르며 아껴 주고 중요 사안을 상의할 정도로 신뢰했다. 사장님들한테 가서 싫은 소리하고 매출만 따지는 기피 업종에서 역량에 따라 20~30개씩의 매장을 관리하는 인기업종으로 돌아섰다. 컨설턴트들이 신이 나니 6개월 후부터 매출도 쭉 올라가는 윈윈 효과를 봤다. 만족도 높은 본죽만의 SM 제도는 다른 프랜차이즈에서도 부러워하는 제도가 됐다.

둘째, 배송 매니저를 대우했다. 전국 일일배송을 위해 물류 시스템도 혁신했다. 지입이라고 차를 가지고 오는 배송기사들도 어떻게 하면 직원에 준하는 역할을 다하도록 이끌어 줄 수 있을지 고민하다가 TM(Transport Manager)이라는 직급을 붙였다. 40여 대의 탑차가 새벽 4시면 출근해서 물류 배송을 완료해 주고 있다.

배송 매니저 명찰을 달아 드리고 회식 자리도 마련하고 교육도 했다. 새벽 4시에 직원들과 커피를 가지고 가서 대접하고, 겨울에는 텀블러를 제작해서 선물했다. 혹 배송 중에 다치면 병원비도 지불하며 우리 직원처럼 모셨다.

TM들도 단순한 배송기사 역할을 넘어 점주를 위해 냉장고에 물품을 진열해 주는 일, SM과 소통하는 일 등 양쪽 모두에게 기대 이상의 좋은 역할을 담당해 주고 있다. 협력하는 분들을 대접했더니 기업에도 꾸준한 플러스 효과를 가져다주신다. 대접받고 싶은 대로 먼저 대접하라는 가치를 따라 실천했더니 동반성장의 결과를 가져왔다. 인연 맺은 파트너를 귀하게 여길수록 우리 기업도 귀해진다.

> 그러므로 무엇이든지 남에게 대접을 받고자 하는 대로 너희도 남을 대접하라 이것이 율법이요 선지자니라 (마태복음 7:12)

황금률과 하나님은 언제나 옳다.

## 본죽인으로 세우는 기업 문화

'선한 가치관, 탁월한 역량, 범사에 감사!'
아침마다 외치는 본죽인의 상이자 우리의 구호다. 기업 문화 또한 주님이 원하시는 버전으로 업그레이드했다. 일 중심, 성취 중심이 아닌 본죽인으로서의 사명감과 자부심을 심어 주는 데 치중했다.

먼저 매장의 주방 직원들까지 교육대상에 포함했다. 직원들에게도 '이모, 아줌마' 하던 호칭에서 '주임님, 대리님, 과장님'의 직급으로 부르게 했다. 함께 일하는 일용직이나 아르바이트 또한 본죽인으로 섬기고 대우했다.

아침에 출근하면 사장님이 직원들과 회의하면서 서로 소통하고 방안을 찾아내도록 지시했다. 잘하는 가맹점은 포상을 하고, 평가제도나 툴을 바꿔서 체계적인 매장 관리가 지속되도록 시스템을 마련하고 정착시켰다.

직원을 뽑을 때도 쌍방 면접제도를 도입했는데, 이 또한 하나님의 전략이다. 경영진이 누군가를 뽑는 게 아니라 서로 일할 사람들끼리 주도권을 가지고 면접을 보게 했다. 자기가 들어가고 싶은 본부의 본부장, 주임급, 평사원까지 면접자로 들어와 같이 일할 사람들을 뽑는다. 면접 응시자는 본인의 상사나 동료들과 대면해서 궁금한 사항을 질문하며 다 같이 심층 면접을 보는 방식이다.

복지와 교육, 성과와 상벌 체계도 손봤다. 외부 교육이나 특강도 적극 유치하고 사명 워크숍, 가치관 워크숍을 통해 서로 존중하기, 감사일기 쓰기 등 소속감과 정체성을 새롭게 했다.

나는 특히 가치관에 많은 중점을 두고 있다. 가치관은 그 사람의 정체성이자 삶의 방향키이며, 모든 선택의 잣대이자 기준이기 때문이다. 기독교적 가치관은 한마디로, '크리스천의 선한 영향력'이다. 하나님이 쓰는 사람은 기독교적 가치관을 가지고 탁월한 역량을 쌓고자 노력하며, 성령 충만한 사람이라고 생각한다.

대부분 기업에 필요한 인재란 인성적 가치관과 지성적 역량 두 가지를 탑재한 사람을 말한다. 하지만 하나님의 일꾼은 기독교적 가치관과 탁월한 지적 역량 위에 영성이 살아 있는 세 가지를 모두 갖춰야 한다. 하나님은 '모든 것은 하나님이 하신다'는 겸손과, 성령이 이끄는 대로 순종하는 귀가 순하고 무릎이 약한 사람을 찾으신다.

주님이 나를 쓰시는 이유도 바로 약하고 부족해서다. 이것이 하나님의 영광이 드러나기 좋은 조건이기 때문이다. 약하고 부족한 자를 택하고 세워서 강한 자를 부끄럽게 하신다.

리더의 가치관은 기업의 경영 방향을 결정하고, 조직 구성원에게 영향을 미친다. 더 나아가 기업의 가치관은 선한 영향력으로 세상을 바꾸고 국가와 민족을 살리는 수단이 된다. 그러므로 종의 리더, 즉 하나님 나라의 리더는 다음 열 가지 소양을 갖춘 본보기로써 자리매김해야 한다.

1. 하나님의 세미한 음성을 듣는 리더

2. 성령의 이끄심에 적극 순종하는 리더

3. 기도, 말씀, 성령 충만한 리더

4. 인품, 능력, 영성이 조화로운 리더

5. 자기를 부인하고 자기 십자가를 지는 리더

6. 사람들을 섬기는 리더

7. 일꾼을 세우고 동역하는 리더

8. 하나님 나라의 비전과 사명으로 이끄는 리더

9. 사랑으로 세상을 변화시키는 리더

10. 하나님 나라를 확장하는 리더

'너희 빛이 사람 앞에 비치게 하여 그들로 너희 착한 행실을 보고 하늘에 계신 너희 아버지께 영광을 돌리게 하라'는 말씀처럼 선한 영향력을 끼친 덕분에 2014년에는 고용노동부에서 노사문화 우수기업으로 선정하면서 '일하기 좋은 100대 기업' 대상을 수상하게 됐다.

## 본사모 : 본죽을 사랑하는 모임

본사모, 즉 '본죽을 사랑하는 사람들의 모임'을 조직했다. 본죽에 많은 것을 요구하던 분들을 본사모의 리더로 세운 것은 하나님이 주신 지혜다. 안티도 팬이고, 공격도 관심과 사랑의 표현이기 때문이다.

'가맹점 사장님들이 모이면 본사와 대적하는 노조가 된다, 불평불만만 더 증폭된다.'는 반대도 무릅쓰고 본사에서 이런 모임을 공식화한 곳은 우리가 처음이었다.

주님의 지시를 따라 싸움 대신 협력하기 위해 본사모를 만들었고, 봉사단으로도 활동할 수 있도록 조직화했다. 50명을 관리하는 리더, 100명을 관리하는 리더들을 세워서 본사와 가맹점 중간 지점에서 다리 역할을 해주십사, 가맹점의 리더가 되어 주십사 부탁했다. 필요시 활동비도 지급하기로 했다. SM과 회의도 하고 가맹점 관리도 직접 하면서 브랜드와 자부심을 지켜 내시기 바란다고 요청했다.

처음에는 반신반의하면서 본사의 속내가 뭘까 의아해했지만, 우리가 진심을 다해 나가니 그분들도 마음을 열고 다리 역할을 잘 해 주셨다. 같이 워크숍도 하면서 "우리 백년 명품 브랜드로 같이 가자. 이 브랜드는 사장님들의 브랜드가 아니냐."며 어깨를 걸고 동지가 되었다.

혁신과 실행 모두 하나님의 세세한 지시를 따랐다. 그러면서 모든 것이 새롭게 바뀌어 가는 과정을 목격했다. SM과 TM의 정체성을 바꾸고 대우하는 일, 본사모들이 스스로 가맹점을 관리하도록 독려하는 일이 그랬다.

이제 본사모는 우리 기업의 가장 큰 자랑거리다. 수익을 목적으로 만난 인연이었지만 한솥밥, 한솥죽을 먹는 한 식구가 되어 끈끈하고, 오래 잘되기를 바란다. 본사모는 본사와 가맹점 사이에서 양방향으로 소통하며 매장을 서로 돌보는 일, 어려운 지역주민을 돕는 일도 자처한다.

특히 본죽의 사회공헌 복지재단인 본사랑의 본사모 봉사단은 죽차(죽을 쑤는 설비를 갖춘 차)를 이용해 장애인 복지관이나 노인복지관 등 어려운 이웃들을 찾아가 따뜻한 죽 한 그릇을 나누는 사랑을 실천하고 있다. '이 어려운 시기에 어떤 프랜차이즈 가맹점주들이 본사와 협력해 선을 이루는 데 이렇게 앞장설 수 있을까?' 생각만 해도 뿌듯하고 감사하기만 하다

## 경영원칙 : 섬김과 화평

'가맹점주들을 잘 섬기고 화평하라.'

본사모는 우리 기업의 미래다. 본사와 파트너는 한 축이 되어 돌아가고 가맹점 없는 본사는 없다. 내가 섬기고 돌봐야 할 양떼이자 이웃이라는 책무를 느낀다.

요즘도 본사모를 만날 때가 무척 기쁘고 또 기다려진다. 함께 울고 웃던 시간들이 쌓여 믿음직한 동반자로 같은 길을 가고 있으니 감사하고 든든하다. 자주 만나 봉사도 하고 식사도 하며 비전을 나눌 때는 시간이 참 빠르다. 우리 본사모는 '명품 본죽, 100년 이웃의 건강 전도사'라는 사명과 비전을 품고 간다.

주님 주신 '섬김과 화평'의 뜻을 실천하는 것이 가장 훌륭한 경영원칙이라고 믿는다. 이 원칙을 매일매일 실행할 힘을 달라고 무릎으로 간구하고 있다.

## 본브랜드연구소 : 제2브랜드 본비빔밥

미국에 나갔다가 돌아오는 비행기 안에서 기내식으로 비빔밥이 나왔는데, 외국인 탑승객들도 거부감 없이 비빔밥을 즐기는 것을 보고 번득 아이디어가 떠올랐다.

'아, 제2의 브랜드를 준비해야 되겠다!'

돌아오자마자 본브랜드연구소를 만들고 출시한 첫 브랜드가 본비빔밥이다.

더 큰 꿈을 향해 본죽에서 본죽 글로벌로 이름을 바꾸어 시동을 걸었다. 다행히 인사동에 본비빔밥 1호점을 론칭할 때는 상당한 주목을 받았다. 하지만 곧 본죽과는 완전히 다르다는 것을 알게 됐다.

수익률이나 주방의 효율 면에서 영 좋지 않았다. 본죽 프리미엄급으로 본비빔밥 100여 개가 오픈했지만 안 되는 매장들이 문을 닫았다. 위기감과 함께 폐업하는 사장님들께 너무나 죄송스러워서 심적 고통을 많이 겪었다.

다른 성장동력을 찾는 가운데 본설렁탕, 본국수대청, 본우리덮밥, 본불고기+, 본도시락 등을 출시하고 소비자의 반응을 살폈다. 선물처럼 또 다른 코드 하나를 열어 주셨다. 이번엔 제품 죽, '아침엔본죽'을 출시했다.

다소 비싸고 저장이 안 되는 본죽의 단점을 보완하고자 제품 형태로 가야 할 타이밍이라고 보고 가맹점 사장님들을 만나 허락을 얻었다.

"가맹점 올 스톱한 본죽에 다채널이 필요한 시점입니다. 스타벅스는 매장에서 직접 커피를 내려서 팔기도 하지만 편의점에서도 캔커피를 판매하고 있지요. 저희도 매장 죽과는 다른 편의점용 죽 제품을 개발해서 출시할 계획입니다. 출시 후 매장이나 매출에 지장을 일으킨다면 그날로 모든 죽을 폐기하겠다고 약속드립니다. 걱정하지 마십시오."

흔쾌하지는 않으나 반대할 수도 없는 노릇. 이동 중에 먹거나, 놔뒀다 먹거나, 저렴하게 먹고 싶은 소비자들을 위한 3,000원 내외의 가격으로 다섯 가지를 개발하고 세 가지를 먼저 출시했다. 매장의 손맛과는 달라서인지 초반 반응은 조용한 편이었다. 매장에도 그리 영향을 주지 않아서 사장님들 또한 아침엔본죽이나 아침엔수프를 크게 의식하지 않았다. 제품 죽은 미약하게 출발했지만 지금은 어린이와 1인 가구 소비자의 사랑을 받는 또 하나의 건강 브랜드로 자리매김하고 있다.

후속타로 출시한 베이비본죽은 한 영유아원과 1년간 협력해서 제품을 테스트하고 노력을 기울인 산물이다. 아기들에게 직접 죽을 먹이고 노란 똥 색깔을 일일이 눈으로 확인하는 등 온 마음을 쏟아 만든 역작이라서 무척 뿌듯한 작품이다.

미출시작이긴 하지만 환자들을 위한 닥터본죽도 연구 중이다.

세브란스병원과 공동으로 기획해서 영양과 효능 테스트를 거치고 있다. 고객맞춤형 제품이자 약이 되는 이로운 죽이기에 더욱 기대를 모으고 있다.

다각화의 하나로 개발한 제품 죽은 일본 수출을 위한 방편이었고 국내에서는 도시락에 집중했다. 1인 가구, 혼밥, 혼술 트렌드와 맞물려 홈쇼핑용 반찬인 쇠고기 장조림과 오징어 초무침 등도 인기를 얻었다. 불황으로 외식 수요가 줄어드니 편의점 등 유통업계와 연합하도록 스펙트럼을 넓혀 주셨다.

프랜차이즈 본사와 식품 브랜드인 순수본, 본푸드서비스 케이터링이 주요 축이 되어 기업의 비전과 성장동력을 확장하고 있다. 특히 순수본은 조용기 목사님의 책, 『4차원의 영성』의 영향을 단단히 받은 브랜드다. 브랜드연구소장을 하면서 '적당히 매너리즘'이 올 때쯤이었다. 출시 브랜드들의 선전에 이 정도면 됐다 싶던 어느 날, 이 책을 다시 펴게 됐다. 4차원의 세계를 움직이는 '생각, 믿음, 꿈, 말' 네 가지 키워드로 3차원에서 4차원 인생으로 업그레이드하라는 메시지. 다시금 더 큰 비전을 꿈꾸며 사업에 매진하게 됐다.

'왕대밭에 왕대 난다'는 말과, '나는 너를 애굽 땅에서 인도하여 낸 여호와 네 하나님이니 네 입을 크게 열라 내가 채우리라'(시

81:10)라는 말씀에 도전을 받고 더 높은 차원, 나의 도움이 오는 산을 향하여 눈을 들게 됐다. 눈이 번쩍 뜨이게 한 책이니 전 직원에게 읽혔고, 세트를 사서 모으고 이리저리 선물했다. 그중에서도 가장 감동한 직원이 지금 순수본 대표로 섬기고 있다.

나는 마음속에 맴돌던 '2015년 문화재단의 꿈!'을 사무실에 써 붙이고는 문화복지를 놓고 기도하기 시작했다. 지하 예배실, 1층 갤러리, 2층 카페, 3층 숙소, 4층 사무실, 5층 아트홀, 주변엔 산책로 같은 조감도까지 상상하면서.

그 막연한 소망을 하나님은 더 크고 확고하게 키워 주셨다. 2015년 염창동에 있는 본월드미션센터를 통해 문화와 선교, 선교사 섬김의 꿈까지 실현해 주셨다. 조감도대로, 산책로도 '한강을 낀' 산책로까지 보너스로 얹어 주셨다!

### 글로벌 브랜드 : 본죽&비빔밥

미국, 일본으로 시장을 확대하려고 본죽 브랜드를 가져갔지만 죽만으로는 뭔가 부족했다. 한인 교민들이 많이 찾는 죽집도 감사했지만 현지인들도 반길 만한 맛집이 되어야 했다. 한국적이면서도 세계적인, 한식 세계화를 위해서 브랜드 믹스를 할 필요가 있었다.

'우리 음식을 한 번도 안 먹은 사람은 있어도 한 번만 먹은 고객은 없게 하자!'

본브랜드연구소에서는 제법 대외 인지도가 높은 비빔밥을 추천했고 예상은 적중했다. 일본, 중국, 미국에서 오픈한 '본죽&비빔밥'은 한 번 먹어 본 사람이 또 찾아오고 지인들을 데려오면서 현지인들도 줄을 서는 인기를 누렸다. '한식 No. 1 프랜차이즈'를 기치로, 해외에서 더 빛을 본 비빔밥 덕에 국내에서도 다시 빛이 나는 역수입 현상이 벌어졌다. 현재까지 국내외 120개 매장을 오픈했다. 글로벌 대표 브랜드의 입지와 브랜드 믹스의 가능성이라는 커다란 아우라를 발견했다.

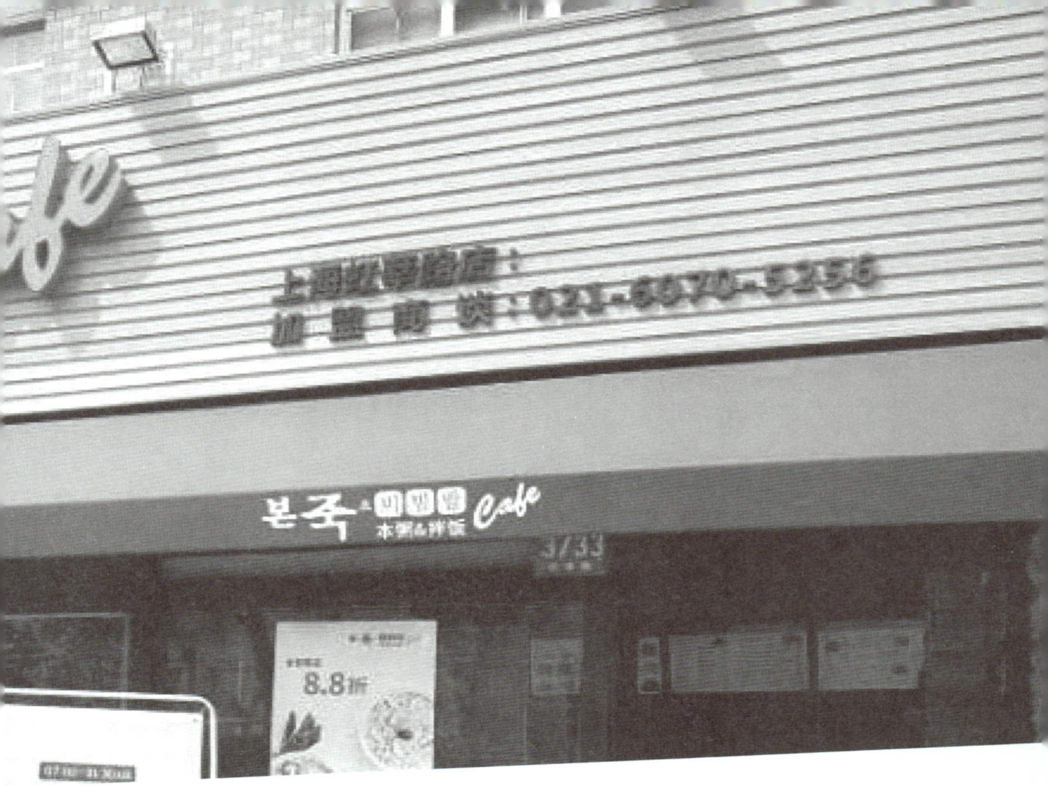


3막

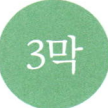

# 해외진출과 새로운 사명
## - 가치 기준의 재정비

해외사업 : 훈련과 수업료 / 하나님만 바라보게 하는 시간

3막

# 해외진출과 새로운 사명
## - 가치 기준의 재정비

너는 범사에 그를 인정하라
그리하면 네 길을 지도하시리라
(잠언 3:6)

## 해외사업 : 훈련과 수업료

'한국에서 잘되는 브랜드니 이제 세계로 나가자. 그럼 먼저 미국을 선점해야겠지.'

2004년도쯤 용감하게 미국 L.A.로 날아갔다. 운전면허도 따고 주식회사도 설립하고 은행 계좌도 열었다. 번화가인 윌셔가에 좋은 자리를 얻어 가게를 열었다.

'산'이라는 죽집을 찾아갔더니 한국인들이 가게 앞에 줄을 서 있었다. 우리 가게는 외국인들도 줄을 서서 기다렸으면 하고 바라면서 시작했지만 시행착오를 많이 겪었다.

미국은 한국과는 모든 시스템이 전혀 달랐다. 원래 부동산 업체였던 가게를 식당으로 바꾸다 보니 오픈에만 6개월 가까이 걸렸다. 나는 한 달 정도 체류하면서 오픈을 진두지휘했다.

역시나 식재료가 문제였다. 한국 마트와 미국 마트를 오가면서 원재료를 대체할 수 있는지 찾아봤다. 한국 전복은 검은빛이 나는데 미국 전복은 붉은빛이 났다. 다행히 대형 한국 마트가 몇 군데 있어서 비슷한 재료로 해물죽을 쑤긴 했지만 우리와 똑같은 맛을 내는 건 정말 쉽지 않았다.

하나하나 해결책을 찾으며 조금씩 완성하고 드디어 오픈했을 때는 이 큰 대륙에 첫발을 내디뎠다는 희열과 성취감에 가슴 벅찼다. 〈한국일보〉 LA지사에서 기사를 많이 내줘서 초반 출발은 상당히 좋았다. 교민들과 지역 주민들이 반기는 가게가 될 수 있겠구나 믿고는 한 달 후 돌아왔다.

또 하나 어려웠던 것은 주방인력이었다. 한국인은 채용하기 어려운 상황이라서 멕시칸을 고용해 조리법을 가르쳤다. 처음에는 주방에 6~7명이 일했다. 똑같은 메뉴를 한국은 둘이서 할 수 있는데, 여기는 5명이 나눠서 해야 했다. 두 가지 일을 시키면 어려워서 못하겠다는 거다. 한국인이 똑똑하다는 걸 그때 확실히 알았다.

죽은 크게 다르지 않기 때문에 한국은 한 사람이 다 해내곤 하는 조리를 그들은 서너 가지만 가르쳐도 더 이상 못하겠다고 손을 든다. 2명이 할 일을 5~6명이 하는 것도 모자라 설거지하다가, 호박 까다가도 시간이 되면 바로 퇴근해 버렸다. 처음에는 화도 내고 그랬다가 차츰 문화 차이를 수용해야만 했다.

언어가 다른 사람들에게 노하우를 전수하는 데는 긴 시간이 걸렸다. 주방시스템도 달랐다. 한국은 재료를 죽 늘여놓고 써도 문제 되지 않지만 미국은 밖으로 음식 재료가 나오면 안 됐다. 가스 불 옆에다 냉장고를 놓고 모든 재료를 열었다 닫았다 하면서 꺼내 써야 했다. 심지어 정수기 설치도 불가해서 얼음과 생수조차 사서 써야 했다.

지나칠 만큼 철저한 위생관리 규칙을 지키고, 통역을 통해 멕시칸들과 의사소통하면서 교육하고 매장을 열어 낸다는 건 전쟁이었다. 그들을 이해하고 일을 가르쳐 주방을 맡기는 과정은 거기서 재료를 찾고 고유의 맛을 내는 일 이상으로 어렵고 힘겨웠다.

그 지극히 어려운 과정을 다 이겨내고 오픈하는 기쁨은 그래서 더더욱 컸다.

무거움도 있었다. 철수하면서 한국인 매니저를 한 명 두기는 했지만 잘할 수 있을까 걱정스러웠다. 돌아와서도 계속 기도할 수밖에 없었다. 조그만 문제만 생기면 바로 연락하니 줄곧 초긴장 상태였다.

아니나 다를까 조마조마했던 사건이 터졌다. '헬스'라는 위생점검반이 들이닥쳤다. 오픈한 지 얼마 안 된 한국인 식당이라서 점검차 나왔다는데, 후드 배기량이 기준치에 못 미친다는 이유로 그 날로 문을 내렸다는 연락을 받았다. 신경 썼던 위생이 아니라 무심했던 배기량이 안 된다는 이유로.

부랴부랴 디국에 다시 갔다. 후드를 고치고 재접수하면 검사가 나온다고 해서 그렇게 했더니 몇 달이 지나도록 감감무소식이다. 신문에서 대서특필로 다뤄 주고 교민들의 환영을 받으며 오픈했던 시간들이 무색하게 철컥 문을 닫았다. 문 닫기 직전에는 백인과 흑인 손님도 온다고 해서 기뻐했는데, 그 찰나에 문을 닫으니 어떤 대책을 세워야 될지 또 기도했다.

6개월간 월세는 꼬박꼬박 나갔고, 언제 오픈할지 모르니 직원들도 출근해서 대기했다. 많은 손실을 봤다. 그 후 다시 허가가 났을 때는 진이 다 빠진 상태. 다시 대안을 세웠다.

그 무렵, 시누이 부부가 L.A. 매장을 맡아 보고 싶다는 얘기를 꺼냈다. 시매부가 다니던 자동차회사에서 퇴직을 하고는 의논 끝에 내린 결정이라고 했다. 마침 주식회사를 설립했기 때문에 가족들을 다 데리고 갈 수 있는 E2 비자가 나왔는데, 그걸 자기들한테 달라고 했다. 시누이가 워낙 겁이 많고 소심하기도 했고, 영어도 잘 안 되는데다 아이들까지 데리고 가면 힘들지 않을까 걱정이 됐다. 하지만 그렇잖아도 미국 일이 걱정되던 참이라 시누이 가족을 전송했다. 아이들이 어리니 어머니까지 함께 미국으로 날아갔다. 오렌지카운티에 단독주택을 얻어서 살게 하고, 차도 장만해 주는 등 한바탕 난리를 치렀다.

한 2년 가까이 시누이 부부가 힘들다, 싸웠다, 뭐가 어렵다면서 계속 연락을 해왔지만 거리가 있다 보니 가보지 못했다. 차차 적응하리라 믿었다. 그러다가 시매부가 아예 앓아누웠다는 소식을 듣고 날아가 봤다. 우울증을 앓았던 나여서 뭔가 이상한 느낌을 받았다. 영어도 안 되는 상태에서 법률문제, 시장 보기, 매장 운영 등을 책임지다 보니 스트레스와 우울 상태에 짓눌려 있었다.

안 되겠다 싶어 시매부를 먼저 한국에 들어오게 했다. 그러다 보니 이제 시누이가 혼자 챙겨야 하는 상황이 되자 역시 마음의 병이 생겼다. 아침에 아이들 학교로 태워다 주고 가게에서 멕시칸들과 전쟁을 치르는 매일이다 보니 당연했는지도 모른다.

우리는 매장을 다른 적임자한테 맡기고 철수하라고 했다. 결국 딸 둘만 남고 시누이도 들어왔다. 그런데 일이 터졌다. 이제 좀 나아지겠지 싶었던 어느 날 두 부부가 방에서 죽은 채로 발견된 것이다. 식구 모두 넋이 나갔다. 모두 다 덮고 마무리하는 과정에서 어머니는 결국 병이 나시고 두 딸은 고아가 되어 버렸다.

당시 일본에서도 본죽 오픈을 준비하고 있었는데, 거기서는 책임자가 있었기 때문에 사업을 접지는 않았지만 L.A. 매장은 너무 충격이 커서 접자는 결정을 내렸다.

남편은 오랫동안 죄책감에 시달렸다. 본인이 가라고 해서 여동생 부부가 그렇게 됐다면서 무척 힘들어했다. 가족까지 잃어 가며 해외사업이 무슨 의미가 있냐며 한탄했다. 나는 어머니와 남겨진 아이들에 대한 안타까움이 컸다. 덩그러니 남은 현실도 역시 만만치 않았다.

이미 엎질러진 물이라 일본의 오픈은 진행이 됐다. 아카사카와 신주쿠, 오오쿠보에 차례로 매장을 열었다. 부사장님과 주방 실장 등 한국 직원들을 일본으로 보내서 세심하게 준비했다. 아카사카에 4층 건물을 하나 얻어서 1, 2층은 매장, 3층은 사무실, 4층에는 숙소를 마련해 본사를 세웠다.

   미국에서 멕시칸과 일하느라 겪었던 시행착오를 보완하고 싶었다. 한국의 직원들을 보내고 매니저 한 명만 일본에 있는 한인을 뽑았다. 아카사카 점은 굉장히 잘됐다. 손님들이 길게 줄을 서는 가게로 알려지면서 방송에도 나오고 유명해졌다. 아카사카점은 본사에서 직영을 했고, 신주쿠에 열었던 직영점 두 곳은 해보고 싶다는 분이 나와서 인수인계를 했다.

   거기서 먹어 본 손님이 명동에 와서도 좋다고 할 정도로 유명한 집으로 자리를 잡았을 즈음, 3년 계약이 끝날 때 또 일이 터졌다. 이번에는 계약을 잘못한 착오였다.

   일본에는 두세 가지 종류의 계약이 있다. 하필 그 계약은 건물주가 주도권을 가진 계약이었다. 주인이 거부하면 그만둬야 되는 계약에 서명을 한 것이다. 일본의 계약 시스템을 잘 몰라서 당한 일이니 황당하고 기가 막혔다.

   발품을 팔아 재료를 구하며 시장조사에 열심을 쏟았고 장사가 잘돼서 자부심을 느꼈던 매장이었다. 직원들에게는 어려움 가운데 일본에 대한 비전을 키우게 하는 등 대단히 중요한 의미가 있었다. 매장을 처음 오픈할 때 직원들과 함께 동경타워에 올라가서 일본 전역을 바라보며 간절한 기도를 드리기도 했다.

'주님, 이 땅을 주시면 일본에 교회도 짓고 하나님 나라 이루는 데 저희 기업이 쓰였으면 좋겠습니다.'

일본에 대한 꿈이 백지화되는 순간, 물거품으로 변하는 그 앞에서 참담했다. 시누이 부부를 잃었던 아픔과 절망을 또 마주했다.

남편은 일본이 엎어졌을 때 오히려 담담했다. 미국에서 크나큰 상처를 받고 일본을 접으면서 "해외는 진짜 못하겠다."고 힘들었던 마음을 표현했다.

그런데도 나는 포기가 되지 않았다. 남들 보기에는 집착으로 보일 정도로 해외사업에 대한 소망이 가득 차 사그라지지 않았다. 미국 라스베이거스에 이어 말레이시아, 베트남, 북경을 다니며 준비하고 오픈을 했다. 돌아보면 그건 내 꿈이 아니라 하나님의 꿈이었다는 결론이다.

특히 중국 진출 때는 갖은 방법을 다 써 봤다. 우리가 직접 다니면서 맨땅에 헤딩하기 대신 대기업과 같이 가면 조금은 수월할 것 같았다. 유통과 물류로 성장한 대기업의 마트와 파트너십을 맺고 북경에 입성하게 됐지만 만만치 않았다. 대륙은 마치 굳건한 여리고 성 같았다.

한류 이야기가 나올 때라 오픈 초반에는 좀 됐지만, 건너편에 미국 마트가 하나 들어서면서 바로 치명타를 입었다. 손님들이 가 버리니 마트와 함께 사라지는 일이 생겼다. 해외본부장 등 직원 10여 명이 최선을 다해 꿈을 키워 나가던 때 철수해야 했다. 그런 데도 내 마음이 식어지지도, 접어지지도 않았다.

'뭐가 부족했을까? 무엇 때문일까? 왜 해외는 하나님이 잘 열어 주지 않으실까? 혹시 주님의 뜻이 아니고 내 집착과 고집의 결과인 건가?'

절망하면서도 포기가 되지 않는 아이러니한 마음이 계속 있었다. 남편도 이제 그만하자고 선언했다. 그럼에도 나는 직원들에게 "아니, 잠시만 보류합시다." 하면서 놓지 않았다. 하지만 곧 어마어마하고 무시무시한 수업료를 치렀다.

중국에 온 신경이 쏠려 있을 때 국내에서 일이 터졌다. 2011년 11월에 방송된 불만OO 사태로 기업은 위기를 겪었다. 그러면서 국내 사업이 어느 정도 포화됐다는 느낌을 강하게 받았다. 따라서 더욱더 전략적으로, 지혜롭게 중국으로 가야 된다는 확신이 들었다. 하나님이 보내는 등대 불빛 같았다.

한국의 문이 닫히고 중국의 문을 여는 느낌을 받은 나는 임원들을 다시 설득했다.

"한국의 본죽 문을 닫으니 하나님은 반드시 다른 문을 여실 겁니다."

그전에 해외사업을 열 때는 내 욕심과 집착인가 하면서 하나님의 뜻이라는 확신을 갖지 못했다. 하지만 중국으로 재진입할 때는 확실한 큐사인을 주시는 것 같았다. 한국에서 중국으로 촛대를 옮기시는 느낌으로 조용히 추진했다.

대표이사 자리에서 2, 3년 동안 혁신에 힘썼다. 사람과 시스템을 바꾸는 데 집중하고, 해외사업을 계속 인큐베이터하면서 재기를 꿈꿨다. 남편의 외조가 있었다. 회장으로 취임한 남편이 힘을 실어 줬다.

"당신이 해외 일을 본격적으로 해봐요. 본사는 내가 다시 한 번 신경 써볼게. 해외에 대한 뜻과 열정이 꺼지지 않는 걸 보니 그 일을 적극적으로 밀어 봐야 될 것 같아. 못 하면 병나겠어."

2013년 본아이에프에서 분리되어 주식회사 '본월드'라는 이름으로 해외사업을 준비했다. 해외사업본부를 해외사업부문으로 세우고 출항했다. 국내사업과 해외사업이 분리되는 계기였다. 후에 하나님께서는 "이제 해외사업과 선교사업을 묶어서 하라. 본월드 미션센터가 되어라" 하시며 새롭게 주도하셨다.

본월드가 해외법인으로 분리될 때 마음이 어려웠다. 기도 중에 주님이 "해외사업은 본사나 본아이에프와 섞지 마라"고 지시하셨다. 말씀대로 분리되어 따로 나가는 건 맞는데 인간인지라 많이 힘들었다.

다 이뤄 놓은 기업에서 편하게 대접받는, 폼 나는 자리를 놔두고 본죽을 시작할 때의 초심으로 돌아가라는 것이다. 같이 가자고 하니 등을 돌리며 싫다는 임직원들도 있었다. 춥고 외로웠지만, 하나님 일을 하는데 내가 좋아하고 잘하는 일인가를 먼저 따져 볼 차원은 아니었다.

그냥 명령에 순종해야 했다. 혹여 함께하는 사람들이 떠난다 해도 이 길은 내가 가야 할 길이었다. 능력이 모자라고 준비가 안 됐다 하더라도 가라 하시니 그냥 떠나야 했다. 길들여졌던 애굽을 떠나 빈 광야로 향하던 이스라엘 민족의 마음이 되어 출애굽기를 많이 묵상하게 되었다.

눈이 폴폴 내리던 날, 새 사무실로 옮겨왔다. 고향 같은 곳을 떠나 조그만 사무실에서 일하게 되니 마음이 무거웠다.

'하나님 뜻이기에 나오긴 했지만 정말 이 길에서 잘할 수 있을까?'

인간적인 염려가 앞섰다. 자원한 10여 명의 직원들과 첫 예배를 드릴 때 많이 울었다. 섭섭함은 아닌데 정확히 뭔지 알 수 없는 눈물이었다. 새로 가야 할 길 위에서 첫 삽을 뜨려니 그냥 눈물이 흘렸다. 주님은 곧바로 우리를 위로하셨다.

일본에 마스터프랜차이즈를 열겠다는 사장님을 만나게 됐다. 일본에 가려고 인천공항을 걷다가 섬광처럼 비전을 보게 되었다.

"해외사업은 인천공항 같은 역할이야. 아, 그거였구나. 맞아. 그래!"

답도 찾고 위로도 받는 순간의 깨달음이었다. 직원들에게도 하나님의 비전을 바라보게 했다.

"우리는 지금 터를 닦고 있지만 머지않아 인천공항처럼 세계를 무대로 일하게 될 겁니다. 우리에게 주실 무대를 바라보고 주어진 이 길을 감사함으로 함께 갑시다."

우리의 마스터프랜차이즈 라이선스를 가져가 도쿄에서 가맹사업을 시작했다. 신앙과 인품이 훌륭하고 사업기반이 든든한 파트너와 함께. '깊이 가는 길은 혼자 가는 길이고, 넓게 가는 길은 같이 가는 길'이라는 말처럼 하나님은 다 같이 가길 원하셨다.

삶의 법칙을 하나씩 알아가는 것

선한 타협을 이루는 것이다

조금은 서글플지라도

법칙을 하나씩 인정해 가는 것

목적을 향한 지름길이다

— '삶의 법칙' 중에서

상해에서 다시 중국 사업을 전략적으로 시작하게 되었다. 소스를 공급해 주던 스카이푸드 회장님의 아들인 송 지사장이 상하이에서 근무한다는 것이다. 다행히 그분의 도움으로 사무실을 아주 쉽게 얻었다. 상해로 이전한 후 또 하나의 대형 기회이자 시험이 찾아왔다.

사무실만 계약해 놓고 청도에서 상해로 넘어가는 공백이 몇 개월 있었다. 아무것도 준비된 게 없는 상해는 정말 막막했다. 기도 중에 연락이 하나 왔다. 중국에서 5위 내에 드는 대형 유통업체 Z그룹에서 우리 브랜드를 가져가고 싶다고 제안했다. 이미 한국의 주요 브랜드를 가져가서 성공한 기업이기에 이미지도 좋았고, 우리가 선망하는 기업이기도 했다.

"이야, 행운이 왔구나. 이거 진짜 최고다!" 하면서 즐거워했다. 그런데 회의 중에 자꾸 말이 바뀌는 것이 의심쩍어서 남경에 있는 Z그룹 본사로 가보자 했다. 호텔, 백화점, 타운을 거느린 그룹의 위용은 대단했다. 자체 건물과 규모를 자랑하는 영상만 계속 보여 줬다. 우리는 포장지에 주눅 들지 않고 여유롭게 질문했다.

"회사 건물은 잘 봤는데, 기업의 비전이나 사명은 무엇인가요?"

그때 그들은 많이 당황하는 눈치였다. 대그룹이 자랑할 게 건물밖에 없을까?

협상 막바지에 그들은 우리한테 어이없는 요구를 했다. 처음에는 3개 성(省)을 달라고 해서 출발했는데, 중국 전역과 함께 자기네한테도 로열티 2%를 달라는 생떼에 저항감이 솟아났다. 다시 생각해 보겠다 하고 숙소로 돌아와 자려는데 잠이 안 왔다.

'이들과 해야 되는 게 맞는 건가? 혹시 우리가 기회를 잃는 건 아닐까?'

교차되는 생각으로 밤새 기도했다. 숙소의 창문 밖으로 큰 건물이 보이는데 안개 때문에 윗부분은 보이지 않았다. 마치 거대한 괴물이 서 있는 듯했다. '저게 그 대단하다는 그룹인가? 중국인가?' 바라보면서 기도하는데 '태산이 높다 하되 하늘 아래 뫼이로다. 그래, 모두 다 주님 아래에 있지!' 다시 시선 조정, 우선순위 조정이 됐다. Z그룹에 대해서 기도하니 "내 손이, 내 팔이 그 그룹보다 짧으냐?" 이런 마음을 주셨다.

아무 미련 없이 Z그룹과의 계약을 접었다. "우리와 하고 싶으면 파트너십이 아닌 마스터프랜차이즈를 해라. 당신들의 인프라가 잘 깔려 있는 성(省)에 우리 브랜드를 갖다가 마스터프랜차이즈 가입비를 내고 스스로 해라. 그러지 않으면 같이 갈 수 없다."고 잘라 말했다.

한국에 오려고 상해행 기차를 탔다. 기도 중에 "네가 해봐"라는 마음을 주셨다.

처음에 한국의 대기업을 업고 왔지만 망했다. 의지했던 대기업이 철수하니까 우리도 같이 나와야 했다. 다음에는 든든한 직원을 따라갔지만 역시 아니었다. 하나님께 먼저 묻지 않고 진행했던 일들은 모두 접게 됐다.

이제는 중국의 대기업을 업고 가보려고 협상을 했다. 축복의 장자권을 그냥 넘겨주는 사고를 치고 있다는 걸 깨닫게 해주셨다. 그 기차 안에서 "중국은 네가 해라"는 마음을 주시는데 그냥 너무 좋았다. 어깨가 들썩였다.

"아버지, 제가 가겠습니다. 이 산지를 내게 주소서!"

직원들도 중국 최고의 기업을 차버렸다는 소식에 수긍하면서도 많이 아쉬워했다. 국내에서 유명한 ○○피자도 그 기업과 함께 하면서 성공했고, 한국의 대형 마트도 파트너십을 맺고 싶어 하는 월척이었으니 아쉬움 반, 기대감 반 만감이 교차했지만 하나님 자리에 대기업과 경험자를 앉히며 의지했던 나를 돌아보게 됐다. 직원들에게 곧장 상해로 가자고 선포했다.

중국 지도를 회사와 집에 붙여 놓고 새벽마다 기도했다. 사무실은 얻었지만 집을 어떻게 얻어야 할지 몰랐다. 상해행 비행기 안에서 또 간구했다.

"주님, 어디로 가서 집을 얻을까요? 하나님이 가라 하셨으니 하나님이 책임지셔야 합니다. 전 중국어도 못하고 아무것도 몰라요."

맨땅에 헤딩하러 간다며 캐리어를 끌고 손 흔들며 온 상해, 속으로는 눈물이 흘렀다. 본월드미션센터를 새로 구입하고 아직 공사도 안 끝난 상태에서 중국으로 가라 하시다니, 이사도 못 하고 살림도 안 풀었는데 가라 하시니 속으로는 '하나님 좀 심하시네, 섭섭하네.' 툴툴거렸다.

상해는 숙소에서 사무실까지 도보로 30분 거리였다. 운동이 부족한 나를 위해 아름다운 가로수 길을 허락하셨다. 아침저녁으로 거닐며 찬양도 듣고 묵상하면서 '주님이 나를 대접해 주시는구나.' 감사했다. 상해에서 또 한 번 특별수업을 거치게 하신다는 걸 깨달았다. 선교사님을 더 많이 섬겨야 되는 내게 그분들의 환경과 마음을 이해하도록 체험학습 기회를 주시는 것이다.

겨우 뭘 좀 해봤는데 추방됐다. 선교지에서 살 만하니까 다른 데로 가라고 해서 옮겼다는 선교사님들의 여러 애환을 듣기는 했지만 절절히 공감하지는 못했다. 그랬던 내가 가방 하나 들고 와 여기 있어야 했다.

'사업도 잘하고, 섬김도 잘하고, 센터도 잘해야지.' 하고 비전이 충만해 있을 때 하나님이 보따리 싸서 중국으로 가라 하실 때는 참 너무하신다는 느낌이었다. 거기서 곰곰이 묵상하고 혼자 있으면서 '아, 선교사님들이 이런 마음이었겠구나.' 싶었다. 중국어도 모르고 시장도 못 보니까 빈 아파트에 들어가서 맨 매트리스에서 이불도 없이 쪼그려 잤다. 조리도구도 없어 잘 먹지도 못 하고 어디 한번 나가도 완전 벙어리에 장님 노릇이었다.

선교사님들은 어린 자녀들 데리고 더 낯설고 더 외진 곳에 가서 자리 잡느라 얼마나 답답하고 혼란스러웠을까. 영어도 안 통하고 중국어도 모르니 택시 타기도 어렵고 물건 하나 사기도 어려웠다.

'아, 선교사님들이 사역지에 떨어지면 이런 느낌이겠구나.'

선교사님에 비하면 더 좋은 환경이었지만 가상체험을 통해 애환 맛보기를 하게 됐다.

광활한 중국은 강한 땅, 센 나라였다. 잠이 안 오고 공격당하는 느낌을 받았다. 낮에는 씩씩하다가 밤이 되면 마음이 약해지고 이상한 생각이 들었다.

'내가 여기 왜 와 있나? 집에 가고 싶다. 내가 잘할 수 있을까? 중국 사람과 잘 안 맞아서 실패도 많았는데…. 이러다 돌아가면 얼마나 망신일까?'

잡다한 생각들이 밤마다 괴롭혔다. 기도로 물리치고 선잠을 자다 깨다 출근했다. '아, 여기서는 신앙생활을 어떻게 하지? 어디 가서 예배드리지?' 고민하고 있는데 우리 사무실이 306호, 같은 층 끝자락에 있는 새순교회를 발견했다. 한인교회 찾기도 어려운데 같은 빌딩 안에 그것도 같은 층에 교회가 있다니!

낮에는 문을 닫아 놓다가 저녁예배와 주일 예배만 잠깐 드리는 예배당이었다. 직원들이 목사님을 뵙고 아침에 거기서 기도를 할 수 있게 해달라고 부탁했다. 목사님은 흔쾌히 비밀번호를 알려 주셨다. 모퉁이를 돌면 사무실이니 기도와 출근에 더없이 좋은 환경이었다.

혹여 교회 없다 핑계 대며 신앙생활을 게을리할까 봐 그 안에 교회와 사무실을 예비하신 걸 보고 "하나님 정말 치밀하십니다!" 손뼉을 치며 놀라워했다. 설교말씀 또한 얼마나 좋은지 너무나 감사했다.

## 하나님만 바라보게 하는 시간

상해의 방 한 칸에서 사역지도 이해하고 내 인생도 바라보게 하셨다. 한국에 있는 그 많은 것들에 대해 감사를 몰랐던 것, 인간이 사는 데는 많은 게 필요하지 않다는 걸 깨달았다. 작은 아파트에서 여직원들과 함께 지내는 게 불편하지 않을까 걱정했던 건 기우였다.

작은 캐리어 하나에 옷가지, 화장품, 생필품 넣어 가지고 가서 잘만 살았다. 내가 얼마나 많은 군더더기를 이고 지고 살았나, 쓸데없이 너무 많은 걸 끌어안고 살았다는 것을 알게 되었다.

또 하나, 한국에서 사람들을 만나느라 늘 바쁘고 분주했던 나를 돌아보았다. 상해에서 한국에 있는 최복이를 바라보며 관조하는 시간을 가졌다. 돌아가면 이렇게 이렇게 해야지 새로이 다짐도 할 수 있는 정말 유익한 시간이었다.

직원 외에는 아는 사람 하나 없으니 사무실에서 나오면 벙어리가 되었다. 허허벌판 광야 같은 곳에 뚝 떨어져 있는 나를 마주하며 주님이 여기에 보내신 이유들을 깨달았다.

"야, 상해 좋다, 진짜 좋아, 나 여기 온 거 축복이네, 너무 감사하다."

주말에는 시내에서 외식도 하고 찜질방도 가고 산책도 하면서 한국에서 누려 보지 못했던 직원들과의 유대감을 가졌다. 낯선 곳에 있으니 더 친근해지고 더 귀하게 여겨졌다. 하나님이 이런 소소한 즐거움도 누리게 하셨다.

내 삶을 축소해서 직원 대여섯 명하고만 지내니 주님과 일만 바라보게 되었다. 누구의 방해도 없이 내면을 들여다보고, 멀리서 내 삶을 관조해 보는 밀도 높은 시간이었다.

너무나 시기적절하게 알려 주신 많은 얘기들, 신묘막측한 하나님과 깊은 독대 가운데 안식하며 또 다른 꿈을 얻었다. 그야말로 상해는 축복의 도가니였다.

아침 큐티 시간에 중국 지도를 바라보며 기도했다.

"주님, 이 땅을 우리에게 주실 건데, 우리는 이 땅에 어떻게 들어가야 할까요?"

지혜를 주셨다. 이제 각 성(省)별로 나누어서 파트너를 만나자. 그럼 파트너들과는 어떤 과정을 겪으며 계약 관계를 맺을 것인가? 머리 싸매고 직원들과 회의했다.

중국 대륙을 차지하면서 하나님 나라를 이뤄 가는 꿈 즉, 비즈니스와 선교를 어떻게 접목할 것인가? 매장 하나 하나를 어떤 의미로 열어 갈 것인가? 고민을 했다. 그러는 중에 계약 건수가 늘어났고 우리는 흥분했다.

　드디어 우리가 원하던 마스터파트너들을 만났다. 중국에서 열리는 모든 가맹 프랜차이즈 박람회를 다 다녔다. 우리로서는 상당한 홍보 채널이기 때문에 돈이 들어도 상관없었다. 많은 사업자들을 만나는 가운데 파트너가 되고 싶다는 상담자들이 속출했다. 길림, 연길, 호북성, 산동성, 장춘, 하얼빈 등 중국 전역을 다니면서 상담을 했다. 금방금방 다 될 것처럼 희망차 보였다.

　그렇게 1년 가까이 상담하며 열매가 보이는 시점에서 예기치 않은 일들이 터졌다. 한국에서부터 상담했던 사람들도 있었는데 막바지에 가서는 계약이 안 됐다. 그러면서 마음이 점점 힘들어졌다.

　계약만 되면 이들이 가맹사업 할 테니까 그냥 가면 된다는 이야기를 듣고 간 건데, 잘 되지 않았다. 이때 중요한 사실 하나를 발견했는데, 우리가 하고 있는 일들이 모두 불법이었다는 것이다. 또 한 번 좌절했다. 어떤 경우에도, 어느 나라에서도 불법으로 사업할 수는 없다. 하나님의 사람들로서 정당하고 투명하게 수익 창출을 하는 게 우리의 원칙이다. 불법이라고 하니 이제 이 모든 일을 백지화해야 되나?

　계약서를 전부 위법계약서로 썼다는 것이다. 중국에 먼저 매장

두개를 열었는데, 그 매장들이 1년이 지나야 가맹사업을 시작할 수 있다고 한다. 그러니까 그 이전에 계약했던 건 전부 무효 계약이라는 거다. 다시 한 번 도돌이표에 부딪쳤다.

　계약을 다 무효화하고, 이 계약이 발효되는 자격이 주어질 때까지 가맹비오- 로열티를 10원도 받지 않겠다. 그러면서 그동안 열었던 가맹점들까지 백지화하는 결단을 내렸다. 굉장히 어려운 결단이었다.

　현지 중국인들은 관행처럼 다 그렇게 한다, 그냥 해도 별 문제가 없다고 했다. 하지만 우리는 그러고 싶지 않았다. 한국에서 신뢰받는 기업이고 앞으로도 모범적인 사업을 꾸려야 하는데, 쉽고 편하다는 이유로 남들처럼 불법계약서로 돈을 받고 상무국에 등록되지 않은 상태로 가맹사업을 하면 나중에 문제될 게 뻔했다.

　그건 그때 가서 해결하면 된다지만 그러고 싶지 않았다. 시간이 걸려도 정당하게 하고 싶었다. 그나마 다행히 몇 달만 지나면 자격이 주어졌지만, 어려움은 여전했다. 계약자들을 일일이 찾아가 파기하는 이유를 설명하고, 나중에 자격이 주어졌을 때 찾아가서 계약을 다시 열어야 되는 절차상의 번거로움이 컸다.

　또 하나, 명실상부 한국의 톱 브랜드 본죽이 이러저러해서 재계약한다고 변명해야 되는 상황이 너무 부끄럽고 마음 아팠다. 직원들에게 그런 일을 시켜야 하는 게 너무 싫고 미안했다. 그냥 모른 체하다가 자격이 주어졌을 때 계약서를 슬그머니 교체하는 트릭을 쓸까? 하는 유혹이 있었다. 계약자들은 모르는 일인데 굳이 불법계약이라서 교체해야 되니까 양해해 주세요, 일일이 얘기해야 하나….

직원들과 중국의 북경, 천진, 길림, 호북, 산둥 등 동서남북을 다시 오가야 했다. 직원들에게 다시 하자고 선포해야 하는 결정이 무척 힘들었다. '그냥 슬그머니 그때쯤 가서 할까? 안 된다! 우리는 하나님의 기업이다. 어떤 경우에도 불법으로 갈 수는 없다.' 반반씩의 두 마음이 부딪쳤다. 직원들과 기도한 후 결단을 내렸다.

"매일 주가 일하신다, 우리는 주님이 시키는 대로 따라 가는 사람들이라고 얘기하는데 주님이 불법으로 일하실까요? 아닙니다. 그럴 수는 없습니다. 더디고 느리더라도 이렇게 가야 하나님께서 잘했다, 맞다 인정하실 겁니다."

전국을 다니며 계약서를 회수했다. 직원들은 몇 달 뒤면 정상으로 영업할 수 있으니 돈만 받자고 했다. 계약서는 회수하더라도 다른 비용으로 해서 로열티는 좀 받자는 말에, 몰랐을 때는 받았지만 알고는 받을 수 없다고 일축했다. 전 직원이 계약하러 다녀도 시원찮을 판에 그동안의 계약서를 회수하는 삽질을 했다.

'아, 정말 어렵다. 뭐 하나도 그냥 넘어가 주질 않네. 우리가 과연 중국에서 살아남을 수 있을까?'

밤이면 식은땀이 쭉쭉 나도록 회의감이 밀려왔다. 그러나 하나님은 기뻐하시는 것 같았다. 헛짓 같아 보이는 작업들이 되레 계약자들의 신뢰를 얻었다. 이곳저곳에서 다시 계약이 체결되기 시작했다.

> 너희는 이 세대를 본받지 말고 오직 마음을 새롭게 함으로 변화를 받아 하나님의 선하시고 기뻐하시고 온전하신 뜻이 무엇인지 분별하도록 하라 (로마서 12:2)

상해 직영점을 하나 내야 되는 일로 깊이 기도했다. 매장 하나를 열기까지 회사와 직원들의 에너지 소비가 엄청나다. 인원은 한정되어 있고 중국어를 하는 직원은 한 명밖에 없었다.

중국 직원을 뽑자고 결정했더니 예비 된 직원 두 명을 금방 보내 주셨다. 힘이 붙은 우리는 직영점을 추진했다. 상해는 직접 운영해 보면서 우리의 노하우를 키우고 사정을 제대로 알아야 된다고 봤다.

상해 직영점은 대학로 매장을 열었던 것과 같은 에너지와 헌신이 필요했다. 중국 인원을 뽑아서 배치하고 교육해서 가게를 운영하게 하는 건 미국에서 했던 일의 반복이었는데도 역시나 어려웠다. 이미 연 매장들이 있으니 굳이 직영을 안 해도 큰 문제가 되지는 않았다. 그러나 이들을 도우려면 내가 직접 해봐야 안다 싶었다. 테스트나 R&D, 신메뉴 개발 같은 파일럿숍으로 직영점을 꾸려야 할 충분한 이유를 하나님께 받았다.

내내 잠을 잘 못 잤다. 밤마다 두어 시간 선잠을 자다가 깨어 기도하게 하셨다. 직영점 결정 뒤에도 여전히 잠이 안 왔다. 이걸 또 어떻게 해나가나? 마스터프랜차이즈 계약이 될 듯 될 듯 안 됐을 때 겪었던 실망과 절망… 직원들에게 큰소리쳤던 모든 것들이 무산되는 과정들이 떠올랐다.

"주님, 저희 직영점 내서 성공할 수 있을까요? 직원들에게 꼭 이거 해야 된다는 명분을 거듭 설명했는데…. 이 사업, 아버지 뜻이 맞지요? 이번에도 앞서거나 동행해 주실 거죠?"

이런 질문을 밤마다 거듭하며 인도하심을 간구했다.

"아버지, 여기서 하는 게 맞나요? 어쩜 이렇게 계약이 하나도 안 될까요?"

아주 심각한 기도를 하는데 미국에서부터 지금까지 한 해외의 일이 주마등처럼 스쳐 지나갔다. 그러면서 10년이나 추진한 일이 잘 안 된 이유를 네 가지로 정리해 주셨다.

첫째, 내 힘으로 하려고 했다. 하나님께 전폭적으로 의지하고 지시사항대로 일하지 않았다. 내 뜻과 경험, 지식으로 이 브랜드를 가지고 해외를 나돌아 다녔다. 말로는 하나님이 주신 브랜드라는 이유로, 그걸로 다 되는 것처럼 다니면서 내가 하려고 했다는 것을 깨달았다. '한국에서 잘되니까 나가서도 성공할 거야.' 아뿔싸, 하나님과 동행하지 않은, 동떨어진 행보들이었다.

대학로에 가게 열던 초창기, 오직 주님만 붙들며 몸부림쳤던 그 시간들을 오버랩 해 주셨다. 기댈 데 없고 빚만 있던 벼랑 끝에서 주님만 의지했던 그 시절의 나와 미국과 일본에 갔을 때의 나는 달랐다. 한국에 탄탄한 회사가 있으니 '잘되면 감사, 안 되면 말고.'였다는 걸 자인할 수밖에 없었다.

"주님, 제가 너무 잘못했어요. 용서해 주세요."

중국에서의 내 모습도 봤다. 중국에 오니까 대학로 때의 심정으로 돌아갔다. 돈 떨어지고 나갈 수도 물러날 수도 없는 상황. 뭐 하나 이뤄지는 것 없어 기다리던 직원들 실망할까 계속 큰소리치던 나. 밤이 되면 울고불고 기도하던 내가 중국에서 회복이 되었다. 다시 간절히 기도하니까 하나님이 "네가 대학로점 열 때 그 심정이 되었구나. 초심으로 돌아왔구나." 하고 받아 주시는 것 같았다.

왜 10년 동안 그렇게 돌아다니며 돈 잃고 사람 잃고 투자했던 건물이 날아가는 일을 겪었는지 알게 하셨다.

둘째, 사랑이 없었다. 마음밭 준비가 안 되었으니 하나님이 축복할 수 없었다. 왜 다 망했을까? 베트남은 건축업을 하던 짱짱한 분이 라이선스를 가져갔었는데 왜 역시 실패했을까?

"주님, 제가 어떤 준비가 안 됐을까요?"

"네가 그 나라, 그 사람들을 사랑했느냐?"

답이 아닌 질문이 되돌아왔다. 그전에도 중국에서 성공하려면 중국 땅을 사랑해야 된다는 말씀을 이미 받았었다. 그걸 한 번 더 되짚어 주셨다. 그 땅과 사람들을 사랑해서 간 게 아니라 한국에서 성공한 최고 브랜드니까 으스대면서 그들을 가르치려고 설쳤던 것이다.

그들의 문화나 환경에 관심을 갖고 배운 적이 있었나? 거기서 장사할 사람이 그 사람들을 향한 마음도 자세도 갖춰져 있지 않았다니. 내 것만 가져가서 나만, 내 것만 들이댔던 것이다. 핵심인 소비자를 사랑해야 한다, 고객에게 답이 있다는 진리를 간과해 버렸다. 통곡하며 회개했다.

"정말 그랬네요. 저는 중국을, 베트남을, 말레이시아를 사랑하지 않았어요. 저는 그냥 돈 버는 사업하러 갔어요. 잘못했습니다. 주님, 용서해 주세요."

셋째, 목표와 목적이 뚜렷하지 않았다. 주님이 원하는 목표와 목적이 아니었다. 원래 해외사업의 목적과 목표는 선교였다. 하나님 나라의 유업을 이루기 위해서 나갔다. 그 지적은 내 생각과 다른 것 같다 싶었다.

"그럼 너의 목적이 뭐냐?"

"기업 잘 키우고 성공해서 돈 벌면 사람들 돕고 하나님 나라 확장하는 것입니다."

"어떻게? 어떤 방식으로? 나한테 물어봤니?"

헉, 입이 딱 벌어졌다. 말이 안 나왔다. 아니 유구무언이었다.

"너, 해외사업에 대해서 기도했어?"

두 가지를 늘 구하기는 했다.

"주님, 저희도 스타벅스나 맥도날드 같은 기업이 되게 해주세요. 그러면 이 브랜드로 더 많은 사람들을 섬기고 선교 일에도 힘쓸게요."

내 기도는 너무 막연하게 뭉뚱그려져 있었다. 하나님이 나를 어떻게 쓰고 싶으신지 정확히 묻지도 않았고, 선명한 비전을 제시받지도 않았다.

"어쨌거나 우리 브랜드가 많이 유명해졌으면 좋겠어요."

넷째, 내 안을 들여다보니 허세와 과시, 명예욕이 있었다. 나 이렇게 해외사업도 성공했다고 말하고 싶었다. 사람들한테는 기도 돕고 선교도 할 거라고 장담했지만 구체화되지 않았다. 오히려 해외에서도 성공한, 세계적인 브랜드라는 업적을 남기고 싶은 욕심이 더 컸음을 지적하셨다. 하나님의 체크는 속일 수 없었다.

"네가 하는 해외사업의 비전이 선교와 맞닿아 있는 걸 내가 기뻐한다. 너에게 준 사명이고 나의 소원이다. 그런데 내가 원하는 몇 가지가 미비해서 시간이 걸린 거다."

나의 영적 상태나, 하나님을 향한 관계에 있어서 해외사업은 너무 많이 빗나가 있었다. 자비와 긍휼을 구하며 회복과 비전을 다시 간구했다.

'빨리 간다고 주님보다 빠를 수 없고, 서두른다고 주님의 계획을 넘어설 수 없다. 내가 급할수록 바라보아야 할 것은 남은 시간이 아니라 하나님의 선하심이다.'

이 말이 옳았다. 나는 겨우 3차원의 피조물, 무소불위 하나님은 무한차원의 절대자이기 때문이다.

우주에 비유해 보면 하나님은 항성, 우리는 그분의 주위를 맴도는 위성쯤이다. 스스로 빛을 내는 자체 발광 존재는 못 되고 주님의 빛을 받아 반사하는 정도의 작은 별이다. 항성인 주님이 공급하시는 대로 위성 통로가 되어 흘려보내는 파이프 역할도 한다. 그래서 많이 받은 만큼 멀리 적절하게 흘러가도록 파이프를 깨끗하고 튼튼하게 해야 한다.

앞으로도 살든지 죽든지 다만 주님의 사랑을 받았으면 좋겠다고 기도하고 있다. '하늘을 두루마리 삼고 바다를 먹물 삼아도 한없는 하나님의 사랑 다 기록할 수 없겠네'라는 찬송처럼 아버지의 사랑과 은혜를 모르고 사는 사람들을 보면 안타까워서 가만히 있을 수가 없다.

그래서 더욱 기도에 매달리긴 하지만 기도해도 버거울 때가 자주 있다. 하나님의 음성이 안 들릴 때가 특히 그렇다. 나는 '기다려(wait)' 신호에 익숙해져서 괜찮지만 지켜보는 주위 사람들이나 비전을 향해 뛰고 있는 우리 직원들은 실망하고 의심하기도 한다. 설명할 수 없는 것들, 난감하지만 그저 기다려야 하는 일들 앞에 사람들은 지친다. 다혈질이거나 조급증이 있는 사람들은 자구책을 강구해 보려고 한다.

하나님이 아직 때가 아니라고 하실 때 또는 그분의 뜻을 잘 모를 때가 참 어렵다. 확실히 아닌 것인지, 분별을 잘 못하는 것인지, 예스도 노도 그렇다고 기다려도 아닌 듯한 안갯속의 풍경 같은 때. 기다림이 마냥 길어지면 우왕좌왕 흔들리기 마련이다. 그래도 그저 기도할 뿐이다. 가지 않은 길을 가야 하니 울퉁불퉁 좁고 앞이 보이지 않아 힘이 든다.

믿음의 경주는 마치 장애물 경기 같다. 우리 앞에 계속해서 나타나는 장애물을 뛰어넘어 가야 결승점에 도달해 하나님의 상급을 받을 수 있다. 싫다고 피하거나 높다고 못 넘어가면 실격이다. 넘지 못한다고 혼내는 분은 아니지만 넘을 때까지, 넘어갈 수 있도록 시간과 힘을 주신다. 장애물을 넘어야 믿음에 진보가 있고, 복음에도 진보가 일어난다.

최근 중국이 사드 배치를 핑계로 계약서를 돌려보냈다. 열성을 쏟았던 직원들은 상당히 낙심했다. 그래도 기도로 넘어가자고 했다. 뒤로 물러서면 실족이다. 하나님께 더 단단하게 붙어 있어야 한다. 바울 사도가 매 맞고 쫓겨나고 감옥에 갇혀도 하나님 나라를 바라보며 기뻐했듯이 평안과 기쁨을 깨뜨리지 않아야 한다. 마치 엄마 품에 꼭 안겨 있는 아이처럼 주님만 더 의지하고 더 사랑하면 된다. 내 휴대전화 메신저 주제 또한 항상 'The 사랑'이다.

우리가 선을 행하되 낙심하지 말지니 포기하지 아니하면 때가 이르매 거두리라 (갈라디아서 6:9)

중국 상해점

'이제 어떤 목표와 방향을 향해 주님과 갈까요?'

다시금 간구했더니 구체적인 미래 행동지침을 보여 주셨다.

'2020 비전.' 2020년까지 중국에 20개 마스터프랜차이즈, 세계 20개국 2,000개 가맹점을 통해 20개 교회와 20개 학교를 세우는 꿈을 주셨다.

상해 사무실에 이 꿈을 붙여 놓고 직원들과 공유했다. 그동안의 잘못된 해외사업을 하나님께 회개하고 새로운 버전을 하사받았다. 하나님의 뜻에 초점을 맞추지 않아서 걸린 시간이 10년이었다. 주님의 뜻을 따르기보다는 사람의 말을 믿고 따르다가 돌고 돌아간 길이었다.

주님이 정리해 주시니 직영점 오픈도 우여곡절 끝에 기가 막힌

곳에 열 수 있었다. 동시에 그렇게 갈망했던 마스터프랜차이즈 계약이 소주 시와 이뤄지고 뒤이어 산둥 성과도 계약을 맺었다. 한두 달 사이에 줄줄이 이어졌다.

하나님을 빼놓고 우리가 마음먹은 대로 이루어지는 미래는 의미도 없고 좀 나가다가도 틀어진다는 경험을 얻었다. 해외사업 10년 동안 하나님은 너무나 많은 것들을 알려 주셨다. 포기하지 않고 여기까지 올 수 있었던 것은 모두 하나님의 소원이었음을 깨달았다.

산 넘어 산, 문제와 역경에 부딪쳐 회의도 들고 무너질 뻔도 했다. 기도로 넘고 또 넘으면서 하나님 앞에 바로 서기까지 오래 걸렸다. 약한 나를 기다려 주시고 훈련하시며 하나님의 꿈과 사명을 맡겨 주셨다. 이 '꿈 너머 꿈, 꿈 너머 사명'이 귀하고도 귀하다! 쓰임 받는 과정에서 나는 여전히 시행착오도 겪고 막막하기도 하지만 주님이 인도하시니 언제나 감사함으로 따라간다.

> 만군의 여호와께서 맹세하여 이르시되 내가 생각한 것이 반드시 되며 내가 경영한 것을 반드시 이루리라 (이사야 14:24)

## 4막

# 사랑의 통로, 본사랑재단
## - 이웃 사랑

길에 누운 사람들 / 노숙인 섬김 프랜차이즈 / 하나님께 드린 직영점 / 멜린다 최 /
본사랑죽 / 쪽방촌 문화교실 / 장애인 축구단과 장애인 댄스대회 /
이 땅에 굶는 아이들을 도우라 / 본사랑 섬김 사업

## 4막

# 사랑의 통로, 본사랑 재단
## - 이웃 사랑

이같이 너희 빛이 사람 앞에 비치게 하여
그들로 너희 착한 행실을 보고
하늘에 계신 너희 아버지께 영광을 돌리게 하라
(마태복음 5:16)

### 길에 누운 사람들

　　동병상련과 역지사지, 긍휼의 마음을 얻게 하시는 것은 사람의 마음을 움직이는 하나님의 방법 중에 하나다.
　　본죽 본사가 종로에 있어서 직원들이랑 자주 인사동으로 점심을 먹으러 갔다. 거기서 내가 좋아하는 국화빵, 붕어빵을 사 와서

후식으로 직원들과 나눠 먹는 즐거움을 누리던 어느 날, 인사동 길가에 많이 본 사람들이 누워 있고 정체된 차들은 빵빵거리고 있었다. 무슨 일인가 했더니 외국인들이 많이 오가는 거리에 미관상 포장마차가 좋지 않아 이것을 치우려는 구청 사람들과 생계가 달려 있으니 필사적으로 저항하는 풀빵 장수들과의 마찰 때문에 주변 일대가 소란스럽고 혼란스러웠다.

그들의 얼굴을 본 순간 우리가 했던 호떡 포장마차가 떠오르며 헉 하고 숨이 막혔다.

'하나님, 저 사람들 어떡하죠? 몸도 온전치 못한 사람들이 겨우 입에 풀칠하며 살아가는데 어떻게 해요….'

그래도 나는 사지 육신 멀쩡히 말도 했지만 이분들은 다 장애인들인데 포장마차마저 뺏기면 어떡하나, 어디서 무슨 대안이 있을까? 안타까운 마음에 기도가 나도 모르게 저절로 나왔다.

포장마차를 뺏겨 본 경험이 없었다면 나는 강 건너 불 보듯 "구청에 가서 야기하셔야지, 왜 여기 길에서 이러고 계세요?" 하고 말았을지도 모른다.

'아, 어떻게 해야 이 땅에 이런 사람들이 없을까? 이분들을 위해 내가 무엇을 할 수 있을까?'

500원짜리 호떡을 팔며 거리를 전전했던 시간들은 내 인생 전체의 가치관을 바꿔 놓았다. 빚과 생계의 짐, 상처받은 이들의 심정을 낱낱이 겪게 했던 이유를 하나하나 경험하면서 고난이 내 인생에 유익이 된다는 것을 절실히 느꼈다.

잘될수록, 하나님께 복을 많이 받을수록 그때 겪었던 일들을 잊지 말고 이 땅에 사는 날 동안 '네 이웃을 네 몸같이 사랑하라'는 말씀에 쓰임 받게 하려고 그 고난을 지나게 하셨다. 하나님이 복을 주신 이유와 내가 사업하는 이유를 깨닫게 하시려고 그러신 것이다.

## 노숙인 섬김 프랜차이즈

본죽을 처음 시작했을 때 길 건너에서 밥생명공동체가 노숙인들에게 점심을 제공하는 모습을 보게 됐다. 그분들에게 나도 뭔가를 주고 싶었고, 음식 장사로 돕고 싶은 마음이 들었다. 마침 우리 교회 부목사님이 그 일을 감당하고 계신다는 소식에 얼른 손을 들었다. 함께 봉사도 하고 밥생명공동체에서 봉사를 하신 분들이 우리 매장에 와서 식사하고 가시도록 했다. 그 작은 시작이 바로 본사랑 재단의 시초였다.

차츰 노숙인 점심 제공을 더 많이 할 수 있었다. 본죽 직원들이 새로 입사하면 모두 노숙인 식당에서 일주일씩 봉사하게 했다. 우리가 먹는 걸로 복을 받았으니 못 먹는 이들에게 나눠 주는 것은 당연한 일이었다. '너희가 먹을 것을 주라'(마 14:16)고 하셨으니 말씀대로 실행했고 모두 만족했다.

역시 갓 피플이 굿 피플이고 갓 파트너가 굿 파트너다(God people = Good people, God partner = Good partner).

나의 사랑하는 자가 내게 말하여 이르기를 나의 사랑, 내 어여쁜 자야 일어나서 함께 가자 (아가 2:10)

## 하나님께 드린 직영점

직영으로 연 종로구 계동점은 온전히 주님께 드렸다. 매장의 수익 전체를 노숙인을 돕는 D매장(donation, 기부)으로 삼았다. 보리떡 다섯 개와 물고기 두 마리를 축사하셔서 수천 명을 먹이셨듯이 우리의 손길을 통해 더 멀고 낮은 곳의 이웃들도 돕게 하셨다. 대학로에서 시작한 점심 봉사를 부평역과 천안역까지 넓혀 주셨다.

사람은 자신의 몸이 아파 몸져눕고 가난해져야만 상대의 형편과 마음을 헤아리는 것처럼 나 또한 가난하고 병든 시간을 겪으면서 어렵고 병든 이의 마음과 그들을 향한 하나님의 마음을 조금 이해할 수 있었다.

나도 모르게 그들을 도우며 살고 싶다는 간절한 소망이 싹트기 시작했다. 물질관이나 가치관이 제대로 정립되지 않았던 내게 선한 청지기의 자세와 선한 영향력을 끼치고자 하는 마음을 사모하게 하셨다. 그전에는 기업의 수익을 어떻게 하겠다는 뚜렷한 기준도 없었고 십일조나 감사헌금도 한꺼번에 뭉뚱그러서 했다.

하나님은 기다렸다는 듯이 물질을 나누는 수업도 통과하게 하셨다. 십일조도 그렇고, 아침에 첫 개시하는 것은 무조건 떼서 하나님께 드렸다. 1호점 주방 직원 중에 청량리 근처 어려운 교회에 다니는 집사님이 계셨는데 그분께 일주일 동안 판매한 것을 모아서 드렸다.

"가이사의 것은 가이사에게, 하나님의 것은 하나님께 바치라"(마 22:21) 하셨으니 말씀대로 순종하고 있다.

특히 호떡 장사를 하면서 물질관이 조금씩 달라지기 시작했다. 돈은 버는 것이 아니라 주시는 것 따라서 흘러가게 해야 하는 것, 그리고 십일조는 아버지께 마땅히 드려야 되는 농부의 종자라는 사실을 고난 가운데 알게 되었다.

## 멜린다 최

2007년 초였다. 신문을 보는데 빌 게이츠와 부인 멜린다 게이츠의 기사가 눈에 띄었다. 2000년부터 빌&멜린다 게이츠 재단을 설립해 폭넓은 선행을 펼친다는 보도였다. 가톨릭계 학교에서 성장한 멜린다 게이츠가 주도적으로 그 일을 하고 있었는데, 마침 나와 동갑인 43세였다.

부인은 워렌 버핏 등 여러 기업들과 협력하며 '모두에게 평등한 기회를 제공'하고자 행동하는 신앙의 모범을 보이고 있었다. 빈곤 퇴치와 백신 개발 지원으로 아프리카 에이즈 환자들을 돕는 등 곳곳을 다니며 필요를 묻고 공급하는 그의 재단은 내게 또 하나의 비전을 촉발시켰다.

그때까지는 오른손이 하는 일을 왼손이 모르게 하는 게 내 섬김의 스타일이었다. 매장 하나에서 나오는 전체 수익으로 노숙인들을 돕고, 기업에서 받은 월급으로 어려운 이웃을 돕는 교회를 산발적으로 후원하거나 나를 찾아오는 사람도 도왔다.

그러다가 문득 이런 생각이 들었다.

'그래, 개인이 하는 사역에는 한계가 있어. 합력해서 선을 이루어야 더 큰 나눔으로 확대할 수 있지!'

더 큰 섬김과 실천을 향한 새 꿈과 도전이 생겼다. 우리의 아군인 가맹점, 직원, 협력사 모두가 합력해서 나갈 방법을 궁리하면서 기도하게 됐다. 남편에게도 신문 기사를 보여 줬더니 너무 귀한 사역이고, 남을 위해 퍼주기 좋아하는 나에게 잘 어울린다고 적극 응원해 주었다. 남편 휴대전화에 나를 '멜린다 최'라고 등록해 주면서 동기부여까지 해줬다.

본사의 강원식 부사장님이 도와주셔서 재단을 시작해 보려고 보건복지부에 재단 설립인가 신청을 했는데 허가가 나오지 않았다. 기업에서 하는 재단이다 보니 탈세 등 다른 목적이 있을까 하여 우리의 순수성을 의심하는 듯했다. 이 일을 위해 3년을 기다리며 기도를 많이 했다.

"주님, 우리한테 허락해 주세요. 이 일을 꼭 하고 싶어요. 이 사업을 통해서 나눠 주고 꾸어 주고 베푸는 일을 여러 사람들과 함께하겠습니다."

시간이 지나도 진전이 보이지 않아 2009년 초에는 포기해야겠다고 생각했다. 그렇지만 마음 한 켠에는 하나님이 나눔의 사명을 주셨고, 재단의 이름까지 '본사랑'으로 주셨다는 것을 철석같이 믿었다. '재단을 하려는 게 사람들을 사랑하고 긍휼히 여기는 마음에서부터인가? 주님의 가치와 축복을 나누려는 순수한 의도와 목적에서인가? 아니면 허영과 허세의 발동인가?' 이렇게 3년을 돌아보고 점검하고 기도했다.

"주님, 혹시 제가 가짜인가요? 아니면 저는 진짜 같은데 하나님 보시기에 가짜인가요? 제가 모르는 다른 욕심이나 허영이 있나요?"

허가가 나지 않으니까 급기야 '나는 가짜구나…. 그럼 원래대로 할게요. 그것도 저는 좋습니다.' 하고 기도를 내려놨다. 그러자 일주일 만에 허가가 떨어졌다. 부사장님이 나한테 "두 손 드니까 허가가 나네요!" 하고 연락을 했다. 다만, 이사장이라는 사람이 그동안 어떤 일을 했고 설립하고자 하는 동기가 무엇인지를 써 내라고, 그걸 제출하면 허가를 검토하겠다는 조건부 통보였다.

부사장님이 써 내자고 하는데 나는 싫었다. 그렇게까지 해야 되나 싶어 마음이 상했다. 몰래 한 일까지 다 써 내는 건 아닌 것 같다고 거부했는데, 기도하는 중에 이런 마음을 주셨다.

'그쪽이 원하는 일을 해야 그 사람들도 얻을 수 있는 거지. 싫더라도 그 일을 추진하기 위해서는 뭐든 할 수 있어야 해. 내 기분대로 그 일을 하고 말고 하는 것은 진짜가 아니야. 요구하는 거라면, 그 일이 이루고 싶은 꿈이라면 감수해야 한다.'

많은 갈등이 있었지만 그 시험을 무사히 통과했다. 쪽방촌에서 행한 선한 일 몇 가지와 왜 그걸 해야 되는지도 써 냈다. 그랬더니 최종 허가가 나왔고 그해 8월쯤 모양새를 갖춰서 본사랑재단을 설립했다.

재단 이사장으로 취임식 하던 날, 남편이 내게 깜짝 선물을 선사했다. 그동안 얼마나 애끓으며 기도했는지 잘 아는 남편이 제일 기뻐해 줬다. 축사를 통해서 본아이에프 수입의 10%를 본사랑에 기부해 사회의 어려운 이웃들을 돕겠다고 약속했다. 본사랑의 본격적인 출발을 여러 인사들 앞에서 알렸다. 사단법인 본사랑은 외조의 덕으로 출항했고 지금까지 순항 중이다.

## 본사랑죽

본사랑죽은 "이 땅에 굶는 아이들이 없게 하라. 내 희망은 아이들이다"라는 주님의 말씀을 따르고자 세계 곳곳에 전쟁과 기근으로 고통 받는 아이들을 위해서 만든 죽이다. 유통기한 1년, 분말로 된 제품으로 이동과 보관이 용이하다. 뜨거운 물이든 찬물이든 상관없이 물을 부으면 죽으로 호환이 되어 떠먹거나 우유처럼 병에 넣어 마실 수 있게 했다. 이 아이들이 자라서 더 큰 선을 이루는 그날도 소망한다.

본사랑재단은 500여 명의 본죽 점주, 협력사 그리고 직원과 일반 개인들까지 함께하고 있다. 본사랑죽과 본도시락 지원, 식자재(쌀, 김치, 고기류) 지원, 소아암 아동과 장애아동 수술 지원, 쪽방촌 문화교실, 새터민과 다문화 가족 지원, 다문화 청소년 글쓰기 대회, 지역사회(반찬, 조손가정, 장애인 축구) 후원과 자원봉사 등 낮고 먼 곳으로 섬김의 지경을 넓히고 있다.

## 쪽방촌 문화교실

동대문 쪽방촌에 사는 분들을 밥으로 섬길 때였다. 등대교회와 협력해서 일하는 곳이라 쌀, 라면, 김치 등의 후원은 많았지만, 가장 안타까운 건 쪽방촌에 사시는 분들이 하루 종일 생기 없는 얼굴로 누워서 삶을 견디어 내고 있는 모습이었다. 멀쩡한 사람도 0.5평, 1평짜리 방에 누워 있으면 생병이 나겠다 싶었다.

'이분들을 어떻게 밖으로, 교회로 끌어낼 수 있을까?'

사회복지학을 공부하면서 어려운 이웃에게 문화복지를 누리게 하고 싶다는 생각이 들어 많이 고민했다. 심방을 다니며 문화로 이분들을 섬기면 자존감도 되찾고 재활의지와 삶의 질도 높일 수 있지 않을까 하는 생각이 맴돌았다. 미래, 꿈, 희망 같은 단어들이 그들의 삶에 되돌아오도록 돕고 싶었다. 서울역 노숙인들이 어느 강사의 인문학 강의를 듣고는 갱생률이 높아졌다는 말도 들은 차에 목사님께 이런 제안을 드렸다.

"목사님, 저희가 문화로 이분들을 섬기고 싶은데 어떨까요?"

목사님은 그리 공감하지 않는 듯했다.

"주일날 밥 준다 해도 안 오는데 문화를 아실까요?"

"저희가 공연 티켓을 나눠 드리면 가서 구경하겠죠?"

"이 골골로 공연 보러 갈 리 없지요. 티켓 드려도 거의 안 가더라고요."

"그럼 공연 팀이 직접 찾아오는 행사를 하면 어떨까요?"

"여기까지… 될까요?"

반신반의하신 목사님은 크게 기대하시진 않는 눈치였다.

"일단 해보죠 뭐. 하다 안 되면 어쩔 수 없죠."

첫 공연은 재능기부 팀과 연결이 되었는데 하필 성악가분들이어서 기도를 많이 했다. '그 좁은 방에 대형 성악가들이 와서 모르는 노래를 하면 이분들에게 위로가 될까? 혹시 다 일어나서 나가 버리면 어떡하지?'

노파심에 베사메무쵸나 잘 아는 가곡을 불러 달라고 그들에게 부탁을 드렸다.

첫 문화공연의 청중은 13명이었다. 교회 식구가 다 모여도 20명 미만이니까 그래도 많이 온 셈이다. 우리는 초조한 마음으로 일찍 가서 기도하며 앉아 있었다. 다섯 분의 성악가들이 오셨다. 세종문화회관에서 수천의 관중 앞에서 오페라 공연 중인 분도 있었다. TV에서나 봄 직한 분들은 모두 크리스천들이었다.

듣는 분과 오신 분들을 위해서 하나님이 이런 멘트를 생각나게 하셨다.

"이 작은 자리에 예수님이 앉아 계십니다. 얼마나 잘나가는 성악가님들인지 저희는 알고 있습니다. TV에서 보던 분들이 여러분들을 섬기러 달려오셨습니다. 잘 들으시고 기뻐하시면 좋겠습니다. 성악가님들은 여기 앉아 계신 예수님을 바라보시고 섬겨 주십시오."

마이크가 없어도 온몸을 울리는 어마어마한 육성이었다. 잘 모르는 오페라 명곡과 아리아였지만 청중과 교감하는 한 시간의 공연은 감동과 눈물과 박수의 바다였다. 역시 음악은 언어보다 강력했다. 공연이 끝나고 가시면서 한 분이 고백하기를 처음 섭외가 왔을 때는 공연 중이라며 핑계를 대고 싶었지만 마침 딱 비어 있는 시간이라서 어쩔 수 없이 참석했는데 많은 은혜를 받고 간다고 감사하다고 했다. 하나님의 호출에 기꺼이 응답해 준 것이다.

다음에도 꼭 불러 달라는 인사와 함께 출연진도 눈물을 흘리며 헤어졌다. 쪽방촌에서 시작된 소규모 공연은 '등대교회 문화교실'이라는 프로그램으로 지금까지 40여 회가 넘게 이어지고 있다. '본웨이브'라는 문화공연 팀을 통해 오감 만족, 감성 충만의 이벤트를 다양화할 계획이다. 나 또한 '문화 주사'의 수혜자로서, 시와 음악, 그림이 주는 감정과 은혜를 나누고 싶다.

> 주의 성령이 내게 임하셨으니 이는 가난한 자에게 복음을 전하게 하시려고 내게 기름을 부으시고 나를 보내사 포로 된 자에게 자유를, 눈먼 자에게 다시 보게 함을 전파하며 눌린 자를 자유롭게 하고 주의 은혜의 해를 전파하게 하려 하심이라 하였더라 (누가복음 4:18-19)

## 장애인 축구단과 장애인 댄스대회

장애인과 그 가족이 느끼는 고립감은 크다. 장애인일수록 사회와 비장애인과 더 많이 접촉하고 섞여서 함께 살아가야 하지만 그럴 기회가 많이 부족하다. 도전하고 협력하며 목표를 이루는 사회 구성원으로 당당하게 어울려 살아가는 연습의 장을 마련해 주고 싶었다. 장애인 재능장학금을 지원하던 차에 2015년 교회 권사님

장애인 축구단

의 소개로 뇌성마비 장애인 축구팀을 만나게 되었다.

축구장이 있는 외곽까지 전철 타고 오가느라 팀원이 모두 모이기가 어렵다면서 승합차가 있었으면 좋겠다는 말씀이었다. 차 한 대와 활동비를 지원한 계기로 본사랑 G7축구단과 인연을 맺었다. 본아이에프의 사내 동아리인 본스타즈 야구단과도 정기적으로 친선경기를 하면서 그들의 활동이 활발해졌다. 상금과 죽차를 지원하며 '본죽컵 전국 뇌성마비 장애인 축구대회'를 열게 됐고 전 직원과 가맹점이 기꺼이 참여하는 축제로 즐기게 되었다.

함께 뛰고 땀 흘리며 그들의 운동력과 사회성, 자존감이 높아지고 있는 걸 보니 흐뭇했다. 장애인들의 스포츠 참여와 삶의 질 향상을 돕는 사이에 우리 삶의 질도 함께 높아지는 걸 느꼈다. '같이의 가치'를 위해 다른 기업들의 참여도 적극 유도하고 싶은 마음이 저절로 들었다.

역시 장애인 재능장학금을 지원하다가 2012년부터 상금을 후원하게 된 '본죽·본사랑과 함께 하는 장애인 댄스대회'도 우리 기업의 축제였다. 본사모, 본미션 등 임직원들이 참여해 심사도 하고 격려금, 도시락 등을 지원하며 대회 내내 환호하고 흥겨워했다. 최종 우승팀에게는 더 많은 무대에 설 수 있게 기회를 만들어 주었다.

참가한 10여 팀들도 연습하면서 재미를, 무대에서 성취감을 느껴서 아주 살맛이 난다며 함박웃음을 지었다. 재미만큼 좋은 게 또 있을까? 남을 즐겁게 하는 일, 함께 보람을 느끼고 박수 쳐 주는 일에 다른 이유가 필요치 않다.

앞으로도 장애인과 비장애인을 떠나서 모두가 함께하는 특별한 추억과 문화 활동들을 적극 지원할 계획이다. 적절한 동기부여를 하고 인생의 목표와 자부심을 심어 주는 일, 합력해서 선을 이루는 우리의 사회공헌 행사가 다른 기업들에도 본이 되고 도전이 되기를 희망한다.

## 이 땅에 굶는 아이들을 도우라

　부끄러운 고백이지만 나는 몇 번의 낙태를 했다. 너무 어린 나이에 결혼을 했고 삶은 정말 어려웠다. 세상의 기준을 따랐던 그때의 일은 지금까지 마음의 짐으로 남아서 미안하고 죄스럽다. 그래서 내 눈에는 엄마 없는 아이, 굶는 아이가 세상에서 제일 불쌍해 보인다. 늦게나마 빚을 갚는 마음으로 해외의 기아와 고아들을 보살피고 있다.

　네팔, 케냐, 인도 등에서 600명의 아이들을 돌보고 있었는데, 방글라데시의 아이들까지 덤으로 안겨 주셨다. 예산이 없어 공사가 중지된 학교를 다시 짓고, 교회가 운영하는 양로원을 보수하는 등 예수님의 모습을 한 소자(小子)들을 물심양면으로 지원하였다.

　본사모, 협력업체, 본죽 직원들이 합심해서 제법 큰 규모의 자선바자회를 열고 있다. 수익금으로 소아암 환자 등 희귀병 치료 지원과 방글라데시 고아원의 아이들을 돕는다. 장터만큼 활기가 넘치는 곳도 없고 자선장터만큼 흥겨운 곳도 없다.

　"이 땅에 굶는 아이들이 없게 해라. 내 희망은 아이들이다."

　아이 셋의 엄마라서 그런지 아이들을 키우고 먹이는 일에 갈급함이 있다. 일용할 양식, 하루치의 만나는커녕 한 줌의 쌀과 빵,

방글라데시 아웃리치

해외 죽 지원 사업으로 어린아이들의 성장을 돕고 있다.

물조차 없는 절대빈곤의 아이들이 아직도 너무나 많다.

우리는 방글라데시 5개 학교 지원과 더불어 9개 학교 아이들에게 빵을 공급한다. 2,300명의 아이들이 빵을 먹으러 왔다가 예배도 드리고 간다. 처음에는 기독교를 배척하며 달가워하지 않던 무슬림 부모들도 주말이면 온 가족이 함께 학교로 오기 때문에 평일에는 2,000여 개, 주말에는 4,000~5,000개의 빵을 준비해서 나누고 있다.

'세계빈곤아동 꿈드림사업'을 통해 터키, 볼리비아, 동티모르, 스리랑카의 교회와 어린이까지 1:1 결연 사업으로 지속적인 후원을 연결해 주셔서 늘 바쁘지만 감사하다.

## 본사랑 섬김 사업

초반에는 본사랑재단의 설립이념이 '섬김, 나눔, 복음'이었다. 후에 '섬김, 나눔, 배움'이라고 바꿨다. 보건복지부 산하 사회복지재단이다 보니 특정 종교를 후원하거나 기부할 수 없었다. 즉 재단 성격상 복음 전파는 할 수가 없어서 선교와 복음 일은 선교사님들을 만날 때나 개인적으로 조용히 하게 됐다.

본죽에서 내가 자리를 좀 잡았을 때 하루는 당회장 목사님이 찾아오셨다. 인도차이나 5개국에 신학교 설립 프로젝트를 추진 중인데 운영이사로 참여해 달라는 말씀이셨다. 신학교를 세우는 일에 함께한다는 건 생각해 본 적이 없어서 기도해 보고 답을 드리겠다고 했다. 그날 잠을 자다 꿈을 꾸었는데 새벽쯤에 누군가가 큰 십자가를 내게 걸어 주는 것이 아닌가. 너무 선명해 하나님의 신호로 받았다.

"주님, 얼마를 신학교 설립에 후원할까요?"

사업 초반이었는데 1억이라는 큰돈을 드리고 싶은 마음이 들어 남편을 설득했다.

"여보, 연세대가 처음 세워질 때 지금처럼 시작한 건 아니잖아요. 조그만 기와집 하나에 고아원을 차렸다가 학교가 세워지고 지금은 리더를 키우는 최고의 산실이 되었잖아요. 선교사님들과 후원자들이 다 이뤄 놓은 일이죠. 우리도 이제는 그 일을 시작하면 좋겠어요. 태국, 베트남, 라오스, 미얀마, 방글라데시에 세운 작은 신학교가 나중에 연세대처럼 되고 그 학생들이 하나님 나라를 이뤄 가는 데 리더가 되어 주면 얼마나 좋겠어요. 우리의 열심과 주님이 주신 복으로 기업을 이루었으니 이제 신학교 설립도 할 때가 된 것 같아요."

남편은 흔쾌히 그렇게 하라고 했다. 본죽 시작하고 가장 큰돈을 헌금하면서 베트남에 신학교를 세우는 데 동참하게 됐다. 연세대 야간과정으로 사회복지를 공부하면서 언더우드 선교사의 동상을 지날 때마다 들었던 왠지 미안한 마음, 죄송한 마음의 짐을 조금은 덜 수 있었다.

신학생을 모집할 때 교회에서 학비도 지원했는데, 우리 부부와 연결된 학생을 지원했다. 선교사를 파송하면 비자 문제로 추방당할 때가 많은데 그럴 걱정 없이 그 나라 신학교 출신들이 그 나라에서 목회를 하면 가장 이상적인 선교가 아닌가. 특히 출입이 어려운 공산권에서는 그 일이 대단히 중요한 사역으로 자리매김하고 있다. 하나님 사역에 우리 기업이 쓰임 받고 있다는 큰 기쁨과 자부심을 누렸다. 이렇게 본사랑에서 본월드미션으로 교차하면서 나란히 가게 됐다.

### 본사랑의 사명과 비전

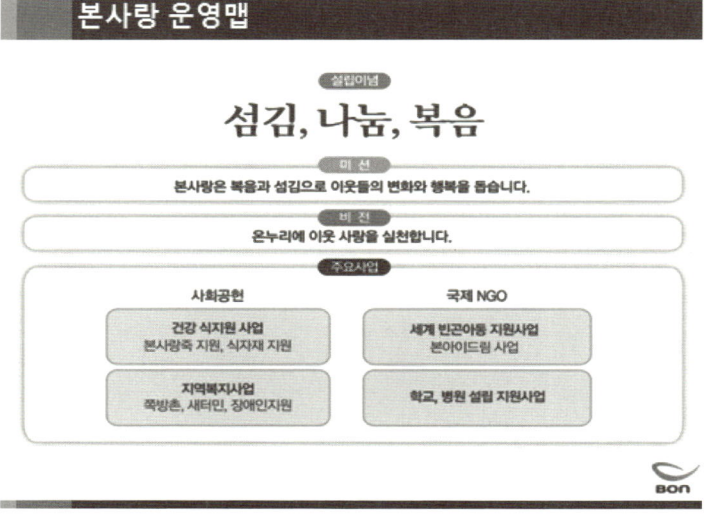

# 5막

# 복음의 통로, 본월드미션
## - 하나님 사랑

본월드미션과 동역자들 / 선교사님들의 현주소 앞에서 / 방 한 칸의 섬김부터
선교사들의 발을 닦으라 / 기독교 기업 to 선교그룹 / 비즈니스 선교의 꿈: 본죽&도시락 카페
우크라이나 선교매장 오픈 / 하나님의 행적을 전파하리이다 / 본월드미션 섬김 사업 / 제자의 길

5막

# 복음의 통로, 본월드미션
## - 하나님 사랑

주께서 이같이 우리에게 명하시되
내가 너를 이방의 빛으로 삼아
너로 땅 끝까지 구원하게 하리라
하셨느니라 하니
(사도행전 13:47)

## 본월드미션의 사명과 비전

### 본월드미션 운영맵

**설립이념**

## 오직 복음

**미션**
내가 너를 이방의 빛으로 삼아 너로 땅끝까지 구원하게 하리라

**비전**
땅끝까지 복음을 전파하라

**주요사업**

| 선교사케어 | 게스트하우스<br>MK 하우스 | 영성회복 및 치유 상담 사업<br>성자비전트립 | 힐링캠프<br>호렙산캠프, 다니엘 MK 캠프,<br>사모동행 캠프 |
|---|---|---|---|
| 선교지원 | 교회와 학교 설립<br>MK 장학금 지원 | 본웨이브,<br>문화선교사업,<br>미디어미션 | 비즈니스 선교사업 |

BON

## 본월드미션과 동역자들

'닫혀 있는 마음과 환경을 열어가며, 들리지 않는 아픔을 찾아가며, 묵묵히 신앙의 길을 걷는 이들과 동역하며 살아계신 그분의 능력을 전합니다.'

신학 공부를 하지도 않은 일반 성도인 내가 세계 선교의 꿈을 꾸며 본월드미션을 시작하게 된 것은 하나님의 절대 주권적인 은혜다. 하나님 없이 내 힘과 재주로는 절대 시작도 지속도 불가능한 사역이다.

우리에게 주신 사명은 세계 곳곳에서 예수님의 사랑과 복음을 전하고 계신 2만 7천여 선교사님들의 건강과 환경을 보살피고 사역에 협력하는 일이다. 따라서 본월드미션의 3대 코드는 선교사 케어, 사역 지원, 파트너십으로 나뉜다.

특히 선교사 케어와 지원에 중점을 두고 있다. 전용 숙소를 제공하는 일에서 출발해 지금까지 200여 명의 선교사 자녀들(MK, Missionary Kids)에게 장학금을 전달하고 있다. 사역에 매진하다 심신이 아파서 잠시 귀국한 선교사님들에게는 건강검진, 치유상담(영성훈련센터) 등 그때그때 선교사님들의 형편에 맞추어 돕고 있다.

기독교 리더 양육을 위해 이스라엘 성지순례여행을 후원하거나 캠퍼스(차세대) 리더 성지영성훈련 프로그램을 지원하기도 하고, 얼마 전에는 그 나라 언어로 성경을 번역해서 보내 드리기도 했다.

사역 지원은 선교지의 사역에 따라 교회, 학교, 병원 짓는 일에 참여하는 일이다. 아울러 선교사님들의 힐링을 위한 로뎀나무 캠프, 사모동행 캠프, MK 캠프 등으로 영육의 필요를 살펴서 공급하고 있다.

선교사 파트너십은(21세기형, 신개념) 비즈니스 선교 사업을 말한다. 특히 파트너십은 해외사업에서 잠재가능성이 상당한, 매우 중요한 축이다.

그전부터 우리 브랜드를 통해 선교사님들이 효율적으로 사역을 했으면 좋겠다는 생각을 했다. 하지만 상황이 잘 열리지 않아서 장기 사업으로 품고 기도를 해왔는데 이제는 하나님이 우리에게 기대하고 계시는 사업이라는 느낌이다.

본미션의 사무총장으로 섬기고 있는 김경자 목사님은 내게는 보기도 아까운 분이자 이종 사촌동생이다. 목사님으로, 또 사모님으로 살면서 영성과 삶에서 본이 되는 든든한 동역자이다. 국내사업과 해외사업, 구제와 선교 모든 면에서 본월드미션을 이끌어 주시는, 세상에서 가장 귀한 선물이 곁에 없었다면 본미션의 원활한 사업 추진이 어려웠을 것이다. 더군다나 선교사님들의 크고 작은 사연들을 다 들어 주시고, 눈물을 닦아 드리며 영적 상담과 치유까지 담당해 주고 있다. 우리는 성령으로 하나로 묶여 주님의 도구로 쓰이기로 작정한 동역자이다.

문화 사업으로는 공연 팀 본웨이브와 영상선교 팀 본미디어미션이 담당해 주고 있다. 'God is Director'를 모토로 삼은 본미디어미션은 전남과학대학교에 기독교영상선교학과를 개설하고 20여 년간 후학들을 가르쳤던 양회성 교수님이 대표로 있다. 휴먼다큐멘터리스트인 양 교수님은 본웨이브의 공연을 무료로 촬영해 주다가 인연을 맺었다.

신(新) 사도행전 프로젝트를 위해 마련한 영상아카데미의 선생님으로 모시고 싶다고 제안을 드렸더니 바로 올인해 주셨다. 때마침 『All In: 전부가 아니면 아무것도 아니다』라는 책을 읽고 감동을 받으셨다며 교수직을 내려놓고 우리와 합류했다. 해외 선교사들에게 영상 촬영과 제작 실기, SNS 활용 등을 지도하고 있다.

나는 죽고 예수만 산다는 '아사주생(我死主生)'을 신조로 삼은 호리호리한 예수쟁이, 외유내강의 래디컬 아티스트라서 어중간한 양다리 신앙생활은 No, 예수를 향한 올인은 Yes다. '땅 끝까지 이르러 내 증인이 되고, 이방의 빛이 되는' 선교사님들의 카메라 동반자로서 밀며 끌며 수고해 주신다.

연세대 행정대학원 동기들의 성경공부 모임인 '하연회'도 참여하고 있다. '나의 하나님이 우리의 하나님이 되는 그날까지'를 모토로 섬기는 끈끈한 동지들이 마음을 함께해 주고 있다. 행복한 파트너들이 많아서 나는 늘 행복하다.

## 선교사님들의 현주소 앞에서

본사랑재단의 첫 사업은 아프가니스탄의 전쟁고아를 돕는 사진전이었다. 세종문화회관의 전시장을 대여했고 두 선교사님이 사진을 가져오셔서 전시를 진행했다. 두 분은 여비도, 묵을 곳도 없이 사진전에 나오는 주인공인 제바라는 여자아이를 데리고 왔다. 게다가 한 분은 허리디스크가 심해서 거의 기다시피 오셨다 (사진전 준비 외에도 챙길 것이 많아졌다. 이것이 본사랑에서 본월드미션으로 연결되는 작은 시작이었다).

당황스러웠지만 이분들의 딱한 사정을 보고 어떻게 해드려야 할지 감지했다. 마침 친정어머니가 오빠 집에 가 계셔서 사시던 아파트가 잠시 비어 있었다. 그분들을 거기로 모시고 아파트 밑에 있는 본죽에서 식사하시게 했다. 여비로 약간의 용돈을 드렸더니

'까마귀'라는 별명을 붙여 주셨다. 그러면서 선교사님들의 실상을 듣고 상상하게 됐다.

기금 모금을 위한 사진전이니 초청장 발송 등 많은 것들을 완료했지만, 정작 모금이 거의 안 됐다. 사회적 관심은 좀 얻었으나 모인 돈은 없는 각박한 현실에 고민이 됐다. 선교사님의 건강과 사역에 겹겹의 어려움이 있다는 것을 가까이 보고 느끼게 됐다.

좀 더 치료를 받아야 하는데도, 똑바로 서지도 못하는데도 선교지로 돌아가는 그분의 뒷모습을 보면서 한참을 생각했다.

"아, 저건 뭘까? 누군가 기다린다 해도 내 몸이 망가졌는데 저리 총총히 돌아가는 건…."

기다림 이상의 묵직한 의미를 막연하게나마 느낄 수 있었다.

이후로도 이렇게 저렇게 선교사님들을 지원하는 일이 계속 생겼다. 총탄과 부상, 강도가 흔한 선교지, 재산과 생명의 위협, 비자 문제와 추방 같은 박해, 동역자들과 생기는 갈등, 선교 후원 감소와 고립감, 한국에 왔을 때의 실상, 은퇴 후의 생활 등을 종합적으로 듣고 보게 됐다. 안타까움은 있었지만 그 일이 내게 사명으로 다가올 거라고는 예상하지 못 했다.

## 방 한 칸의 섬김부터

기업에서 목돈이 생겨 어떻게 쓸까 기도했다. 한국에 오셔도 머리 둘 곳 하나 없는 독신 여자 선교사님들에 대한 거룩한 부담을 계속 주셨다. 친구 집이나 찜질방을 전전한다는 한 선교사님이 자꾸 떠올라서 연세대 앞에 오피스텔 여섯 칸을 사서 하나님께 드렸다. 그런데 3개월 동안 단 한 명의 선교사님도 오시지 않았다.

'이상하다. 꽤 알렸는데….'

새 집에 좋은 방이 비어 있는 게 안타까워 다른 사람들 보고 비밀번호를 알려 주며 쉬시라고 했다.

본사랑재단과 연결된 분 중에 세브란스병원에 소아암 아이를 데리고 올라온 부부가 있어서 거기서 주무시라고 했지만 아무도 거기서 자지 않았다. 그러다가 선교사님 한 분이 주무시고 난 뒤부터는 선교사님들이 연이어 오셔서 묵고 가는 걸 보고 첫 3개월 동안 내가 오롯이 선교사님의 숙소로 드리지 않았다는 걸 회개했다.

하나님은 오직 선교사님과 그 가족을 위한 전용 숙소와 쉼터를 원하셨던 것 같다. 원래대로 다른 용도로는 절대 쓰지 않겠다고 선포하고 선교사님만 모시는 '본월드하우스'를 또 마련했다.

인천공항에서 20분 거리, 화곡역 1번 출구와 가까이 마련한 스무 칸짜리 본월드하우스의 방은 10~20평 정도로 작아도 선교사님들의 만족도가 높다. 방마다 말씀과 예수님이 제자들의 발을 씻기는 세족식 사진이 걸려 있어서 방에 들어서면 눈물이 난다고 많이들 말씀하신다. 재래시장도 가까이 있어서 1, 2만 원이면 사고 싶은 것, 먹고 싶은 것 다 살 수 있다고 좋아하신다.

본월드미션센터는 친정어머니의 방 한 칸에서 시작해 오피스텔 6칸으로 확장되고 지금은 화곡동에 20칸짜리 게스트하우스로 늘어났다. 앞으로 또 어떤 모습과 파트너십으로 파생과 확장을 거듭할까 기대하며 기도하고 있다.

> 주인이 이르되 잘하였다 착한 종이여 네가 지극히 작은 것에 충성하였으니 열 고을 권세를 차지하라 하고 (누가복음 19:17)

## 선교사들의 발을 닦이라

사회복지 석사과정 중에 여러 복지관을 방문하다가 눈에 띄는 한 곳이 있었다. 기업에서 운영하는 복지관인데 사회복지사를 섬기는 복지관이었다. 속내를 들여다보니 사회복지사들이야말로 오히려 복지가 필요한 사람이 되어 있었다.

장애인과 치매 노인들을 돌보다 보니 정작 본인들이 다 소진되고 탈진된 상태였다. 박한 월급에 헌신만 요구하는 인식에 정신적으로 많이 힘들어하는 복지사들이 많았다. 그들을 보고 있자니 선교사님들이 떠올랐다.

선교사님들은 오지에서 자기 청춘을 다 바쳐서 사람들을 섬기며 어려운 일을 감당하고 있음에도 한국 교회는 파송만 해놓고 그들의 복지에는 무신경한 모습이다. 심신이 지치고 아파서 돌아와도 머리 둘 곳 하나 없는 분들이 많다는 생각에 이르자 선교사 케어 사역을 해야겠다는 생각이 들었다.

한번은 기도원에 가서 기도하는 중에 아주 구체적인 음성이 들렸다.

"가족 딸린 바울들이 울고 있다. 선교사들이 울고 있다. 그들을 도우라. 그들을 도우라."

선교사를 보살펴라! 주님이 본사랑과 본월드미션의 정체성을 정확하게 세워 주셨고 선교센터 설립에도 강권적으로 도우셨다. 이것이 본미션재단이 출발하는 계기가 되었다. 공항과 가까운 화곡동에도 게스트하우스 스무 칸을 사면서 본월드미션센터도 마련하게 됐다. 주방과 샤워실, 세탁기, 짐과 가방을 둘 창고실, 이불과 그릇 등 풀 옵션을 갖춰서 편안한 숙소가 되도록 만반의 준비를 했다. 그전에는 선교그룹을 일반 성도가 시작한다는 걸 상상도 못 했다.

이 모든 것을 주님께 거저 받았으니 주님께 다시 거저 드린다. 세상 모든 기쁨 중에 제일인 순종하는 기쁨을 주셔서 감사하고 선교사님들의 발을 닦아 드리는 도구로 쓰임 받아 행복하다.

## 기독교 기업 to 선교그룹

### 기업의 사명

**3대 사명**

- 생명을 살리는 기업
- 사명이 이끄는 기업

본기업 > 본사랑 > 본미션

| 본이되는 기업 | 이웃 사랑 실천 | 하나님 사랑 실천 |
| --- | --- | --- |
| → 축복의 통도 | → 사랑의 통도 | → 복음의 통도 |

본월드는 하나님 나라 확장을 위한 자원을 확보하고 매장을 활용할 것이고, 본사랑은 사회공헌과 NGO기구로서 가난하고 낮고 쓸쓸하고 소외된 이웃들을 찾아가 구제하고 사랑을 전하는 일을 지속해 나갈 것이다.

본미션은 선교기업으로서 전 직원이 기독교인이며, 수요일과 금요일에는 선교사님과 함께 예배를 드린다. 연초에는 금식기도를 하고 영성 일기도 쓴다. 직원 한 명 한 명이 비즈니스 선교사와 같은 마음으로 일하고 있다.

해외법인인 본월드와 함께하는 본사랑과 본미션은 하나님이 우리에게 열어 주신 세 가지 통로이자 따로 또 같이 일하는 삼위일체다. 본월드는 수익을 발생하는 기업으로서 축복의 통로다. 본사랑재단은 기아와 빈곤아동을 돕는 비정부기구로서 사랑의 통로다. 선교사 케어와 미디어 선교, 문화선교(아트테인먼트)를 담당하는 본월드미션은 복음의 통로다. 사랑, 축복, 복음의 삼총사는 하나님의 꿈이자 우리의 3대 사명이다. 주님이 앞서 가시고 우리는 뒤따라가며 하나님 나라를 이 땅에 확장하는 중이다.

본미션 직원들은 매일 아침 센터 지하의 채플실에서 각자 기도를 드리고 올라와 사무실에서 큐티를 하고 업무를 시작한다. 큐티의 힘을 체험한 나는 직원들에게 이런 간증을 자주 나눈다.

"우리가 일하면 주님께서도 일하십니다. 큐티는 성령님이 주관하는 시간, 하나님께 능력과 지혜를 받는 시간입니다. 세상의 방법으로 오래 고민할 때 하나님께 지혜를 구하면 한번에 해결해 주십니다. 예수님의 향기를 전하고 널리 선한 영향력을 끼치기 위해서는 큐티 하는 이 시간이 가장 귀하고 강한 시간입니다."

주님의 가치관을 이어받는 통로를 깨끗이 하고, 그분의 세미한 음성을 듣고 성령의 인도하심을 따르고자 함이다.

## 비즈니스 선교의 꿈 : 본죽&도시락 카페

태국, 인도네시아, 방글라데시 등지에서 열린 세계선교사대회에 강연자로 가서 많은 선교사님들을 만났다. 선교 후원이 줄어든다, 지원이 끊어졌다, 어려운데 답이 없다 하시며 대안과 자구책 마련을 놓고 고심하고 있었다. 이제는 복음을 전하는 일도 기술 전수 같은 전통적 선교에서 변화하여 신개념 패러다임을 접목하고 구사해야 할 필요를 절절히 느꼈다.

비즈니스 선교는 마지막 때 하나님의 꿈이자 대안이며 선교사님들과 함께 이룰 큰 비전이다. 물론 고난이도 선교다. 비약해서 말하면 물질의 우상 맘몬 신에게 도전장을 내밀며 전쟁을 선포하는 위험한 선교이기도 하다. 돈은 양날의 칼과 같아서 유혹적이지만 날카롭다. 하지만 이보다 더 좋은 선교는 없을 것이다.

물질을 지배하는 비즈니스 선교야말로 진정한 도전거리이자 융합적 선교로서 조직적인 파급력이 크다고 본다. 비즈니스와 선교를 통합한 '비즈너리(business+missionary)' 즉 비즈니스 선교사가 사역지에서 더욱 다양하게 작용할 수 있을 것이다.

한 손에는 빵을, 또 한 손에는 복음을 들고 가는 자들의 발길 위에 우리 기업의 준비된 인프라를 실어 드리면 된다. 한마디로 선교사와 프랜차이즈의 연합작전이다. 빵과 복음, 섬김과 선교의 융합이 선하고 복되게 쓰임 받길 간절히 기도하고 있다.

기업의 열매로 선교사를 케어하고 지원하는 차원을 넘어 우리 브랜드를 선교도구로 하나님께 드릴 수 있어서 기쁘고 감격스럽다. 더 큰 비전을 주신 주님께서 우리의 합력을 써 주시기를 기도하고 있다.

과정 중이긴 하지만 최근에 시작한 프로젝트가 있다. '본죽&도시락 카페' 파트너십 선교매장을 열어 비즈니스 사역을 지원하는 일로, 본죽의 매뉴얼과 선교를 합친 개념이다. 이미 D매장은 기부(Donation)용으로 운영되고 있는데, 선교사님을 위한 한식 익스프레스 버전으로 M매장, 즉 선교(Mission)용으로 오픈을 추진 중이다.

본죽에 한식 메뉴 도시락을 믹스해서 만든 선교 브랜드로, '본죽&런치박스 카페'로 오픈할 계획이다. 애칭으로 '본죽&오병이어'라고 부른다. 수천, 수만의 사람들에게 영의 양식과 육의 양식을 공급해 줄 베이스캠프가 되기를 소망한다. 선교매장은 셀 처치(cell Church), 일터교회로 선교와 섬김, 빵과 복음을 함께 이루는 놀라운 선교도구가 될 것이다.

이 프로젝트가 잘되면 파트너십 매장이나 회사로 선교사님들이 소속되어 운영할 수 있다. 비자 문제도 해결되고, 매장이 하나 열릴 때마다 선교사님 서너 명이 함께 일을 하고 인건비를 나누면 생활이 될 것이다. 그래서 이것을 선교사 생태환경 지원 프로젝트라고 부르는 중이다.

그 지역 사람들로 인력 보충을 하면 일자리 창출도 가능하다. 가만히 있어도 손님들이 찾아오니까 영업도 하고 모임도 하면서 복음을 전할 수 있다. 또 매장이 베이스가 되기 때문에 그 매장에서 필요한 선교용품이나 시설들을 시시때때로 공급할 수도 있다.

길가에서도 보이도록 매장에 모니터를 설치해서 설교나 찬송, 매장에 유리한 콘텐츠를 제공하면 자연스럽게 복음이 흘러가는 통로가 될 것이다. 그 열매로는 또 다른 선교사를 돕고 또 다른 선교사역의 베이스가 되니까 선순환이 지속될 수 있다. 다행히 다른 나라에서도 자원하는 분들이 속속 나타나는 중이고, 최근에는 중동 지역 선교사님도 상담을 해드렸다.

한편으로는 선교지에서 비즈니스를 하다가 선교의 본질을 잃을지도 모른다는 염려도 있지만, 하나님의 사람이라면 삶으로도 본을 보여야 한다고 생각한다. 안 믿는 이들도 말씀을 따라 충성스럽게 살아가는 선교사님들의 일상생활을 목격해야 한다. 예수님의 제자다운 비즈니스와 성화된 생활로 하나님을 드러내는 것이 매장교회 선교의 핵심이다.

사실 그 열악한 선교지에서 사역을 펼치고 계시는 것만으로도 감사한 마음이다. 예수님의 제자로, 이 땅에서 가장 가치 있는 일에 일생을 거신 분들이 선교사 아닌가. 간혹 현지에서 생기는 문제나 장애물에 집중하느라 침체기를 겪는 분들도 만나게 된다. 이때는 문제에 빠지기보다 하나님과의 친밀도를 더 높이면 이겨 낼 수 있으리라 권면하고 기도한다.

하나님의 가치와 말씀을 따라 순종하며 기쁨으로 살아 내는 본, 그 나라 사람들의 영혼을 사랑하는 마음을 실천하는 선교사님이 그 지역의 방주이고 빛과 소금이다. 예수님을 닮은 삶으로 선한 영향력을 끼치는 선교사님들을 지원하는 것이 우리의 큰 기쁨이다.

초교파 선교그룹으로서 또 기독교 기업으로서 가치 있게 쓰임 받기를 기도한다. 예수님을 믿는 우리는 모두 이 세상을 왔다 가는 청지기이자 은행원이다. 은행원이 고객의 돈을 서류나 종이로 보듯이 주님의 공급을 맡아서 출납 관리를 잘하는 게 우리의 할 일이다. 주님이 이끌어 주시는 대로 헌신하는 본미션그룹이 되기를 소망한다.

> 우리가 알거니와 하나님을 사랑하는 자 곧 그의 뜻대로 부르심을 입은 자들에게는 모든 것이 합력하여 선을 이루느니라 (로마서 8:28)

## 우크라이나 선교매장 오픈

우크라이나 선교사님이 3, 4년 전부터 이런 제안을 하셨다.
"저는 본죽 브랜드를 가지고 가서 비즈니스 선교를 하고 싶습니다. 그 열매로 다른 선교사님들의 사역도 돕고 싶어요. 그럼 차츰 다른 선교지에도 출시하면서 활성화될 수 있을 겁니다."
"아주 좋습니다. 같이 해보시죠."
선교그룹으로서 선교사님들의 사역에 우리 브랜드도 도구로 쓰일 수 있도록, 파트너십으로 지원하며 비즈니스 선교를 열어 주

우크라이나에 세워진 본죽 매장

셨으면 하는 소망이 있었지만 뜻대로 잘 되지 않았다. 다행히 중국에서 조금씩 이 과정이 무르익고 성숙되고 있어서 구름 한 조각이 떠오른 느낌이다.

우크라이나에서도 그런 얘기가 오가는데 내란이 터지는 바람에 무산됐다. 이 꿈마저 또 안 되는구나 하고 낙심하던 차에 다시 메일이 왔다.

'내란도 어느 정도 정리가 됐으니 전에 의논했던 일을 다시 해보고 싶습니다. 그때는 매장도 없었는데 지금은 매장이 하나 생겨서 조건이 더 좋아졌습니다. 우리를 좀 도와주십시오.'

계속 메일을 주고받으면서 조율하다가 장차 EU 국가를 상대로 브랜드 사업을 할 수 있도록 우크라이나에 베이스캠프를 구축하자고 결론을 냈다. 처음에 매장 하나를 의논했을 때보다 훨씬 더 때가 무르익었고 지금이 적기라는 느낌을 얻은 하나님의 몇 가지 사인이 있었다.

우크라이나는 일단 물가가 상당히 낮고, 그 덕에 물류 인프라 구축에도 최적의 조건을 갖췄다. 지리적 접근성 또한 좋아서 EU 어느 나라와도 수송이 용이했다.

4년 가까이 선교사님이 그 꿈을 품었으니 인큐베이팅도 충분해졌다는 판단이었다. 파트너십 결정을 하고 합자회사보다는 우리 기업의 매뉴얼과 정신을 그대로 적용하는 자회사나 자회사 형태로 여는 게 좋겠다고 협의하고는 바로 인테리어를 시작했다. 선교사님들과 우리가 수십 년을 기대하고 기도하며 꿈꿔 온 비즈니스 선교가 이제 실현되고 있다. 여기까지 오기 위해 그렇게 많은 하드 트레이닝과 대기, 워밍업들이 필요했나 보다.

## 하나님의 행적을 전파하리이다

하나님은 우연히 일하시지도, 갑자기 일하시지도 않으신다. 처음부터 큰일을 시키지도, 승승장구하게도 하지 않으신다. 연단과 훈련 과정 곳곳에 교만해지지 않도록 장치를 마련하시고 주님이 원하시는 그 길을 가도록 고난도 주시고 성장도 주시고 사람도 보내시면서 이끌어 주신다.

　모든 사업은 아주 작고 미약한 시작이 연결되어 하나님의 은혜로 세계 선교와 세계 시민들을 섬기는 데까지 자라왔다. 기업의 십일조와 감사헌금으로 후원만 하던 때가 있었다. 그때는 몸도 마음도 편했다. 지금은 최전선에 있는 선교그룹으로서 동시다발, 다반사를 기도하며 사역에 집중하느라 자주 부딪치고 겁도 난다. 하지만 하나님이 직접 통치하고 이끄는 기업이라는 증거가 분명해져서 말로 표현할 수 없는 큰 기쁨이 있다.

> 그 주인이 이르되 잘하였도다 착하고 충성된 종아 네가 적은 일에 충성하였으매 내가 많은 것을 네게 맡기리니 네 주인의 즐거움에 참여할지어다 하고 (마태복음 25:21)

　즉 지극히 작은 일에 충성한 자에게 칭찬하시며 또 다음 일을 주시고 위로와 상급을 더하신다. 시작은 미약했으나 창대해지는 기름 부음의 축복과 축복받은 만큼 실천해야 할 사명이 있다는 것을 알게 하셨다. 본죽, 본사랑, 본미션의 출발과 확장 과정을 보면서 주님의 축복의 기준을 보게 됐다. 아직도 대내외적으로 공격과 영적 싸움이 속출하는 고난의 여정 중이고, 상당한 적자 행진 중이다. 그럼에도 불구하고 하나님이 우리 기업을 앞으로 어떻게 이끄셔서 하나님 나라의 확장 도구로 쓰실지 기대한다.

가까운 지인들이 "밑 빠진 독에 물 붓기다, 투자 대비 효용가치는 따지지도 않느냐, 변수가 많으니 좀 더 신중해야 한다."며 걱정 반 조언 반으로 해주는 얘기도 일리는 있다. 물 붓기는 소용없어도 밑 빠진 독을 은혜의 강물에 빠뜨리거나 아예 새로운 독을 장만하는 건 방법이 되리라.

'어떻게 하면 하나님께 더 충성할까? 어떻게 해서 주님 주신 이 은혜를 더 많은 사람들과 나눌까?' 사역과 사명의 본질, 사랑의 본체인 예수 그리스도, 우리가 나아가야 할 길, 그 사랑을 전하는 일을 주야로 묵상한다.

이런 찬양 가사가 있다.

'그대는 주님 보내신 아름다운 사랑의 편지, 그대는 주님 보내신 예쁜 사랑의 하모니…'

우리는 하늘의 러브레터를 곳곳에 전달해야 하는 배달원들이다. 주님의 러브레터는 바로 복음이고, 복음의 핵심은 사랑이다. 하나님이 우리를 사랑하신다는 뜨거운 연애편지를 들고 때로는 본죽으로, 때로는 본사랑으로, 때로는 본월드미션으로 전 세계를 다니며 전하는 일이 우리 기업의 사명이다.

우리는 예수 그리스도 십자가 보혈의 공로로 구원받고 왕의 자녀가 되는 권세를 누렸다. 나아가 러브레터를 전하는 특사로서 그 사랑을 널리 전하는 사명을 잘 감당해야 된다. 어느 한 부분만이 아니라 모든 것이 합력해서 선(복음)을 이루는 데 온 마음을 쏟고 있다. 주님의 이끄심 따라 우리의 모든 것을 겸허하게 나누는 청지기의 삶을 소망한다.

교만이 오면 욕도 오거니와 겸손한 자에게는 지혜가 있느니라

(잠언 11:2)

## 본월드미션 섬김 사업

"주님이 일하십니다."

그러니 우리의 할 일은 Plug in God, 즉 기도와 말씀 안에서 성령 충만한 가운데 예수 그리스도에게 플러그를 꽂고 합체하는 것이다. 하나님의 뜻과 계획을 분별하고 성령의 이끄심에 민감하게 반응하며 적극적으로 순종하고 따라가는 것, 하나님이 이루시는 일에 헌신하는 동역자가 되는 것이다.

내가 너무 앞서가도 안 된다. 주님이 시키는 일을 하잖다, 어

렵다. 빛 안 난다 해서 안 하는 것도 안 된다. 하나님이 쓰시기 좋은 일꾼이 되고자 직원들을 독려하고 말씀을 공유하며 기도하고 있다.

나는 하나님의 일에 부름 받고 쓰임 받는 그 자체로 이미 행복하고 기쁘고 너무나 충분한 존재의 이유를 누리고 있다. 우리 직원들도 그런 기쁨에 참여하고 누리길 원한다. 아침마다 나누는 큐티 시간은 하나님 뜻에 일점일획도 어긋나지 않는, 시키는 일에 충성을 다하는 일꾼으로 쓰임 받는 수업 시간이라고 생각한다.

그동안 주님이 이끌어 주신 일들을 간증하는 이유는, 하나님의 살아계심과 인도하심을 우리 기업이나 직원이나 나를 통해서 이 시대에 생생히 드러내길 원하기 때문이다. 구약에 나오는 하나님은 지금도 우리 곁에서 동일하게 역사하고 계신다.

성경의 방법, 예수의 가르침대로 사업하면 어렵거나, 망하거나, 시대에 뒤떨어진다는 부정적 시선이 많아서 안타깝다. 하나님의 말씀은 살아서 운동하기에 여전히 유효하다. 말씀대로 기업을 이끌고 자기 앞의 생을 살아갈 때 가장 아름답고 선한 영향력을 끼치는 개인과 기업이 되리라 확신한다.

말씀의 영향력을 증거하는 것도 우리의 사명이다. 주님께서 '자기 이름을 위하여' 이루어 가시리라 믿는다. 우리는 쓰임 받는 데에 대한 결과에 연연할 필요가 없다. 다만 주님이 쓰시는 대로 매 순간 주님을 누리고 신뢰하고 반응하면 된다. 하나님을 영화롭게 해드리는 데 쓰임 받는 기쁨을 오늘도 누리기 원한다. 이 모든 것은 하나님이 하셨고 앞으로도 하실 것이다. 우리는 그 하나님을 신뢰하며 따라가기만 하면 된다.

> 여호와여 내 마음이 교만하지 아니하고 내 눈이 오만하지 아니하오며 내가 큰 일과 감당하지 못할 놀라운 일을 하려고 힘쓰지 아니하나이다 실로 내가 내 영혼으로 고요하고 평온하게 하기를 젖 뗀 아이가 그의 어머니 품에 있음 같게 하였나니 내 영혼이 젖 뗀 아이와 같도다 이스라엘아 지금부터 영원까지 여호와를 바랄지어다 (시편 131:1-3)

## 제자의 길

"제자의 길은 절대 믿음, 절대 순종입니다. 주님 뜻 앞에는 타협도, 토론도, 의견 존중도 용납되지 않습니다. 자기의 뜻, 생각, 기회, 명예, 물질, 가족, 생명까지도 모두 내려놓고 가야만 주의 길을 갈 수 있습니다.

넉넉하고 평탄하고 문제없고 안정적인 삶이 보장된 길이 아니라 치열한 전쟁이지요. 목숨을 내어놓고 가는 길입니다. 하나님은 모든 사람을 사랑하시지만 모두를 동역자나 일꾼으로 쓰시지는 않습니다.

사심이나 욕망, 계산 없음이 그분 앞에 증명되어야 하고, 철저하게 자기를 부인하며 자기 십자가를 질 때 주님의 일을 맡기십니다. 오직 그분의 뜻만이 모든 것의 기준이고 방향이고 본질입니다. 그밖에 다른 비본질은 다 가능하고 다 좋습니다.

그래서 주님 뜻대로 때에 따라 모이기도 하고 흩어지기도 함을 자연스레 용납하고 받아들입니다. 오직 저는 그분께만 올인되었고 그렇게 살 것입니다. 이것이 저의 존재 이유이자 삶의 이유입니다.

함께 울고 웃던 시간들, 한없이 감사하고 행복했습니다.

하나님의 뜻과 계획대로 우리는 만나고 헤어질 수 있습니다. 얼마든지 다시 만날 수도 있습니다. 천국에서 모두 다 만날 때까지, 이 땅의 주님 프로젝트에서 각자 역할에 따라 오고 가며 살아내는 것이 우리 피조물, 나그네의 삶입니다.

주님이 새로운 일을 시작하실 때 우리에게 시험과 훈련을 통과하게 하시고 새 역할이 주시며 큰 변화와 성장을 이루십니다. 그 놀라운 축복과 성장이 우리 모두에게 이루어지기를 기도합니다."

직원들과 소통하는 그룹 메신저에 '이제는 본죽인에서 본미션인, 비즈니스 선교사로 변화되어야 한다'고 주문하는 메시지를 보냈다. 부담감에 흔들리는 직원, 비전을 보는 직원, 마음가짐을 새롭게 하는 직원 각양각색이었다. 최근 중국에서 돌아온 몇몇 직원들이 떠났다. 헤어짐은 힘들지만 모든 것은 주님 안에서 다 축복이라고 믿는다. 두려움을 용기로 바꾼 기드온과 300용사처럼 본사랑, 본미션, 본월드 소수 정예 일꾼들의 순종과 헌신에 고맙고 감사하다.

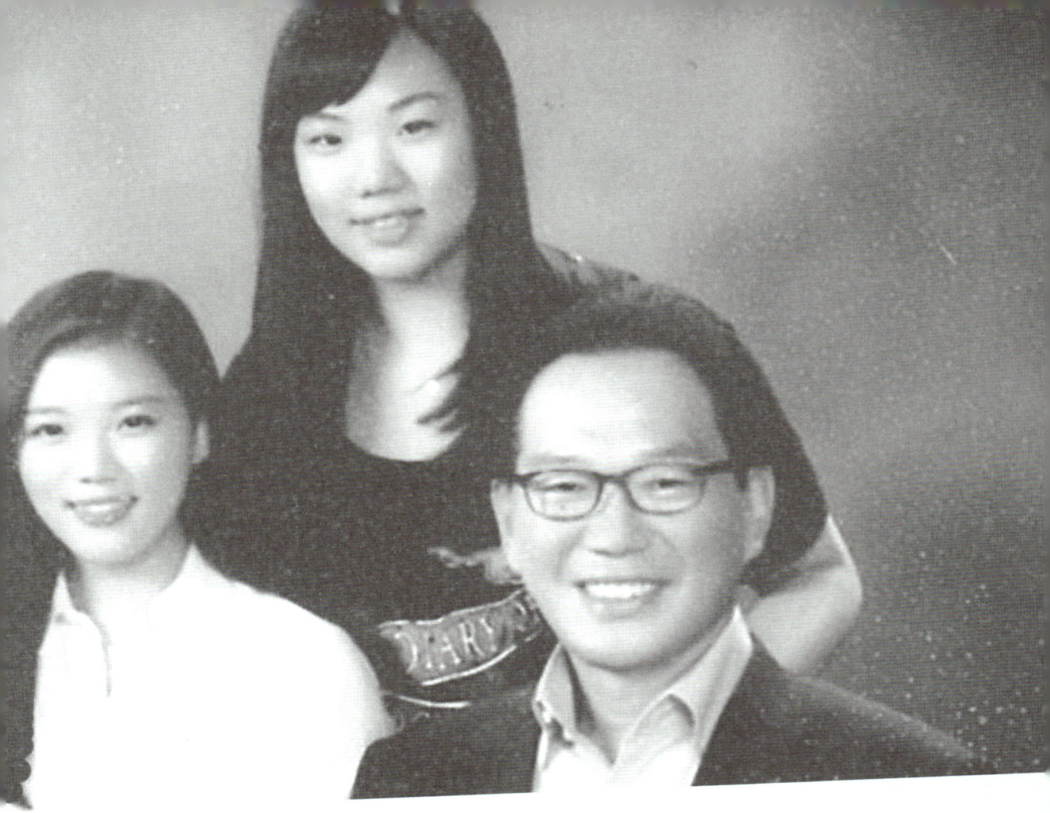

6막

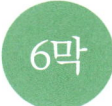

# 하나님의 사랑을 연습하는 곳, 가정

나의 사랑 수호천사 / 어머니의 기도유산 / 세 딸들 이야기 / 사명, 무릎으로 가는 길

6막

# 하나님의 사랑을
# 연습하는 곳, 가정

또 청결하고 정직하면 반드시 너를 돌보시고
네 의로운 처소를 평안하게 하실 것이라
(욥기 8:6)

## 나의 사랑 수호천사

　내 휴대전화에 남편은 '수호천사'로 저장되어 있다. 스물에 만나 스물셋에 결혼했으니까 올해로 결혼 30주년이다. 적지 않은 시간 동안 함께했다. 가난하고 힘든 날도, 평안하고 풍요한 날도 있었다. 작고 겁 많고 분리불안까지 있던 내게 남편은 딱 수호천사였다. 늘 남편 뒤만 따라다니며 살았다.

다만 영적인 열심은 조금 달라서 나이가 들수록 서로 사명이 다름을 알 수 있었다. 남편은 사업에 큰 역량이 있어 일자리 창출과 신규 사업 성장 동력을 만들어 내는 일에서 기쁨과 보람을 느꼈다. 반면 나는 사람들을 돕고 섬기는 일과 선교에 사명을 갖고 있었다. 좋고 나쁨이 아니라 서로 다름을 존중하고 조화를 이루면 가장 좋다고 생각한다.

우리는 주변 지인들에게 '환상의 커플'이라는 말을 들을 정도로 조화롭게 역할 분담을 하고 가정과 기업을 운영하며 함께 성장했다.

남편은 나의 인생 멘토이자 친구이다.

특히 다양한 교육 과정을 찾아다니며 배우는 것을 좋아하는 활동적인 사람이다. 처음엔 귀찮고 힘든 생각도 들고 딱히 필요성을 느끼지 못했지만 지금은 그때 남편 따라다니며 들어 두었던 강의들이 큰 도움이 되고 있다. 게다가 운동이나 모임, 여행도 늘 함께 하길 바란다. 조용하고 내성적인 나를 많이도 성장시키고 증폭시켜 주었다. 정말 고맙고 에너지 넘치는 동반자이다.

'어느 집에나 해골이 있다'는 영국 속담처럼, 우리에게도 위기는 있었다.

어머니가 돌아가시고 난 후 남편은 마치 내가 알던 사람이 아닌 것처럼 많이 힘들어하고 방황했다. 자유롭고 싶다고까지 선언했을 때는 온 세상이 다 꺼져 버린 것 같았다. 하지만 기도하며 기다리고 기다렸다. 눈물로 남편의 발을 닦이며 나의 부족함을 용서해 달라고 호소하기도 했다.

지금은 좌충우돌하면서도 해외사업도, 본사랑도, 본미션도 꿋꿋이 밀고 나가는 나를 가장 많이 도와주고 응원하는 1등 지지자이다. 남편은 하나님이 약한 나를 위해 미리 보내 주신, 세상에서 가장 나를 사랑하는 나의 수호천사다.

작은 결점까지
보듬어 줄 수 있는 마음
사랑을 높은 데까지 올려줍니다.
― 동반자


그분께
당신의 상처를 보여 주는 것
거기서
당신의 치유가 시작됩니다.
당신의 입술로 고백하기를

잠잠히 기다리고 있을 뿐입니다.

— 홀로 울고 있는 당신


우리 조금만 더 멀리 보고

조금씩만 앞으로 나아가기로 해

바라보고 기도하는 것

다 이룰 수 있을 때까지

삶은 너무나 멋진 거야

— 당신에게


To. 복이

지난 30년 동안 참 고맙고 사랑했습니다. 앞으로 30년 동안 더 끝까지 당신을 지켜 주고 변함없이 사랑하겠습니다. 내 인생 최고의 행운은 당신을 만난 것입니다.

— 당신의 수호천사 김철호

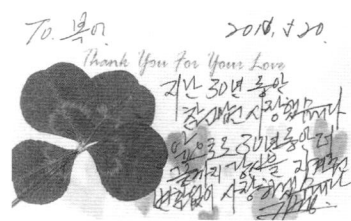 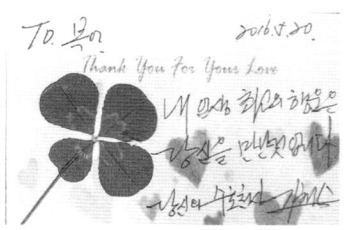

## 어머니의 기도유산

나는 일찌감치 '남편은 어머니 거!'라고 인정하고 남편과 살림 등 모든 주권을 어머니께 드렸지만 그래도 고부간은 역시 고부간이었다. 그러다가 내가 서른여섯이 되던 해, 남편의 건강이 갑자기 악화되면서 덜컥 겁이 났다. 그제야 그 나이에 홀로 되신 시어머니의 심정을 이해할 수 있었다.

"우리 어머니는 서른여섯에 맨손으로 단칸방에서 10살도 안 된 애 다섯을 키우셨구나. 장사도 다니시면서 어떻게 다 키우셨을까…. 아이고, 나는 못해. 혼자서 애 셋을 어떻게 키워."

난장에서 장사하시며 억척스럽게 살아 내시느라 얼마나 힘드셨을까! 깐깐한 성미도 있었지만 같은 여자로서 어머니가 참 짠하고 안쓰러웠다. 가장 무거운 가장으로서 진정 존경스러웠다.

그때 이후로는 무조건 '예' 하고 토 다는 일이 없어졌다. 아들 못 낳는다고, '여자가 잘 들어와야 사업도 집안도 잘 되는데…' 하고 구박받으며 속앓이하던 시간도 있었지만, 차츰 어머니를 진심으로 대하게 되었다. 어머니도 나중에는 진심으로 나를 챙겨 주셨다. 아들 타령하시던 분이 이제는 딸들이나 아들보다 며느리가 더 편하다고 하시며 여행을 가도 아들보다 "어멈이랑 같이 가면 갈란다." 하신다.

5년을 친정어머니와 시어머니 두 분 다 모시고 살았다. 시어머니는 우리 엄마를 형님이라 부르시며 가깝게 지내셨다(이 경험으로 어느 매체에 '적과의 동침'이라는 칼럼도 짧게 쓴 적이 있다).

2011년 시어머니는 돌아다니는 암이라는 선암으로 3개월 만에 돌아가셨다. 손 쓸 사이도 없었다. 돌아가시기 전까지도 중언부언, 복을 구하는 기도만 반복하시는 어머니의 기도가 너무 기복적인 신앙처럼 느껴져 이상해 보였다. 왜 평생 똑같은 기도만 하실까? 생각했는데 '불만제로' 사태로 기업이 휘청거릴 때 어머니의 그 기도가 무척 그리워졌다. 그 길고도 반복되는 기도가 그동안 우리 집과 회사를 둘러치고 지켜 주셨다는 걸 깨닫고는 정말 회개를 많이 했다. 지금도 돌아가실 때까지 우리를 축복해 주시던 어머니의 기도를 잊을 수가 없다.

"하나님 아버지, 우리 아들 며느리 사업 잘되게 해주세요. 우리 아들 며느리 열 몫(열 사람의 몫)하게 해주세요. 우리 아들 며느리…."

아들에 대한 기대에서 며느리에 대한 신뢰와 기대까지 기도의 짐을 늘려 주신 덕분에 우리 부부가 회장이 되고 이사장이 되어 열 일꾼 몫 거뜬히 해내고 있음에, 그 기도유산이 이루어지고 있음에 황송하고 감사하다.

이제는 내가 그 기도의 짐을 져야 한다는 책임을 느끼고 토요일은 되도록 하나님과 데이트하는 날로 지키고 있다. 폐쇄적인 친정에서 크리스천 1호로 구원받은 나, 가끔씩 '내가 우리 집안의 요셉일까? 최요셉?' 하며 막중한 책무를 느끼곤 한다. 가정의 사명과 기도의 모범을 보여 주신 시어머니를 생각하면 복음과 은혜의 빚이 한량없이 크다.

## 세 딸들 이야기

나는 항상 빵점 엄마라고 말한다. 과외하고 학원 강사 하느라 아이들과 함께 있어 주지도 못했다. 어려운 때라서 유치원도 못 보내고 교회에서 운영하는 선교원에 보냈다. 일하느라 애들 학교도 한번 가본 적이 없다. 특히 막내는 다섯 살 때부터 시어머니가 키워 주셨다. 내 대신 주님이 키워 주신 아름다운 딸들에게 항상 고맙고 미안한 마음이다.

큰딸은 고맙게도 알아서 컸다. 연세대 심리학과를 나와서 미국 버클리대 유학 후 대기업 기획실에서 근무하다가 좋은 짝을 만나 결혼했다. 큰딸이 미국에서 공부할 때 출장길에 혼자 어떻게 사는지 궁금해서 가봤더니 친구 집에 겨우 접이식 침대 하나 놓고 살고 있었다. 다른 애들은 학비 부담으로 고생하는데 내가 집까지 좋은 데 살면 부끄럽다면서 "엄마, 우리도 가난해 봤잖아…." 하며 담담하게 철든 티를 냈다.

장녀라서 그런지 독립심이 강해 자기가 벌어서 결혼 준비도 다 했다. 패물비로 2,000만 원을 건넨 나는 결혼 선물로 축복의 편지와 함께 큰딸이 입었던 배냇저고리에 말씀을 빼곡히 적어서 줬다. 하필 신혼여행 때 그걸 꺼내 보고는 펑펑 울었다고 한다. 이제 나이 서른, 예쁜 딸을 낳은 후로는 회사에서 나와 번역가로 전향해 하나님이 주신 언어의 재능을 살리고 있다.

두 살 터울의 둘째는 나의 아픈 손가락이다. 고생할 때 가진 아이라 나도 못 먹고, 아이도 우유 알레르기로 못 먹어서 셋 중에 제일 작고 예민했다. 다행히 그림을 워낙 좋아해서 선교원에 다닐 때부터 스케치북에 빠져 살았다. 지금도 구구단 7단부터는 가물가물하다는 아이는 수학에는 아예 소질이 없었다. 그럼에도 나는 항상 둘째 보고 이렇게 말했다.

"걱정 마, 수학 대신 그림 잘 그리면 되지." 하고 아이의 기를 살려 주었다. 그리고 강연을 하거나 간증을 할 때면 아이들의 공부 때문에 스트레스를 받는 학부모들에게 둘째 아이 구구단 얘기를 해주며 아이들의 장점을 먼저 볼 수 있도록 용기를 준다.

그렇게 걱정되던 아이였는데, 뉴욕대에 입학하고 연수를 가서는 석 달을 울면서 전화를 했다. 파티는 많은데 친구가 없고 언어는 안 되고 힘들다고 한국에 다시 오고 싶다고 했다.

"얘야, 힘들면 그냥 집으로 돌아와. 괜찮아!"라고 말해 놓고 하나님께 엄청 기도했다.

울음 많던 아이는 6개월 만에 적응이 되었는지 아르바이트도 하고 그 돈으로 여행도 다녔다.

마침 미국 출장이 있어 들렀을 때, 공항에 마중 나온 아이의 모습을 지금도 잊을 수가 없다. 150센티미터 될락 말락 한 키에 슬리퍼를 신고 나와 더 작아 보이는 아이가 안쓰러워 당장 신발 사러 가자고 손을 잡아끌었다.

"엄마, 나 키 작은 게 창피해? 친구들은 내가 작아서 더 귀엽다는데? 난 괜찮아."

어려서부터 친구들 어깨만큼, 미국 대학원 동기들의 팔뚝 높이만큼도 안 되는 아이, 친구라기보다는 막냇동생이랑 같이 공부하는 것 같아 늘 뒷모습이 보기 싫고 미안했던 둘째는 오히려 엄마를 위로하고 당당하게 걸어갔다. 중학교 때 작고 못생겼다고 머리를 뜯을 정도로 스트레스에 시달리던 그 아이의 낮은 자존감은 이제 태평양 위에 던져 버렸다. 이렇게 변화될 수 있었던 것은 아무래도 집 현관 신발장 위에 걸린 칠판에 적어 놓은 말씀 때문인 것 같다. 나가고 들어올 때마다 그 말씀을 묵상한 것이 큰 힘이 되지 않았을까?

작은 거인 둘째는 연수 중에 여섯 대학에 지원했다. 영어는 안 됐지만 포트폴리오의 예술성을 인정받아 여섯 군데 모두 합격하는 전무후무한 기록을 세웠다. 내내 장학금을 받고 콜롬비아 대학원을 다니며 활발하게 작품 활동과 전시회를 하고 있다.

둘째를 낳고 그만 낳으려다가 아이들이 너무 예뻐서 셋째를 갖게 됐다. 둘째와 여섯 살 터울인 막내는 아들을 바라던 마음으로 이름을 지었는데 예상과 달랐다. 8월 한여름에 공주를 낳고 찬물로 샤워한 나는 지금껏 반팔 옷을 못 입는다. 어른들 말씀처럼 바람이 들었는지 살이 시리다.

대신 출산일까지 새벽기도를 다녀서인지 막내딸은 믿음이 참 좋다. 큰애를 따라 미국에서 미션스쿨 중고교를 다니다가 한국에 와서 검정고시로 고교 졸업 자격을 얻었다. 어릴 때부터 떨어져 지냈으니 이제 엄마 아빠와 함께할 시간을 갖고 싶다고 했다.

사진을 좋아하니 사진학과를 지원할까 하다가 엄마의 기업을 돕겠다며 집 앞에 있는 백석예술대에, 새로 생긴 호텔외식경영학과를 들어가게 됐다. 천안에 있는 백석대학교와 헷갈릴 만큼 잘 몰랐던 대학이었지만, 새벽기도 중에 알려 주신 딱 맞는 학과를 숨겨 두셨다가 찰떡같이 붙여 주셨다며 무척이나 감사해한다. 지금은 하나님이 세우신 학교를 다니고 싶다며 한동대학교 국제경영학과를 준비하는 중이다.

살갑고 활동적인 막내는 잠시도 가만히 있는 법이 없다. 미국의 기부 문화를 많이 봐 와서 그런지 장학금을 받아도 생명의 전화에 전액 기부하고 토요일이면 입던 옷을 정리해 시설에 기증하는 아메리칸 스타일의 딸이다. 어느 기차역에서 휠체어 장애인 체험을 해보고는 경사와 계단 등 개선점을 찾아서 장애인 시설에 대한 리포트를 제출하기도 했다. 더 나은 사회를 꿈꾸고 만들어 가는 일에 관심이 많은 에너자이저다.

속마음도 자주 표현해 주는 다정다감한 딸이다. 핸드폰을 잃어버려 속상해 하고 있을 때 살며시 다가와 이렇게 위로를 해주었다.

"엄마, 핸드폰 잃어버려서 속상하지만 사람이 너무 완벽해도 안 됩니다." 하고 웃으면서 새로 산 휴대폰에 멋진 배경화면을 해주었다. 또 아

휴대전화 분실로 속상한 나를 위로한 딸의 편지

르바이트 시간과 겹쳐 방글라데시에서 사역을 마치고 돌아온 엄마를 마중하지 못해 미안하다며 영화 '동주'를 예매해 두고 쉬면서 기다리라고 예쁘게 편지까지 써서 나를 감동시켰다.

나를 가장 감동시킨 것은 엄마를 보며 '나도 저렇게 (사도 바울처럼) 쓰임 받는 사람이 되어야지.' 다짐한다며 쭉 전진하라고, 엄만 할 수 있다고 자주 편지로 응원해 주는 사랑스러운 막내.

'엄마가 "힘을 주세요!" 하고 외치면서 붙잡고 있는 것은 다름 아닌 하나님의 옷깃'이라고 쓴 편지를 보며 웃다가 울었다. 농담으로 "엄마는 나중에 기도하다가 앉아서 돌아가실 것 같아요!"라고 말하며 웃는다. 늘 옆에서 본 것처럼 "하나님은 엄마의 아픈 곳까지 살펴보시고 꼭 안아 주셔요!"라고 감동하며 말하기도 한다. 사랑이 꿀처럼 똑똑 떨어지는 딸이다.

나도 주님께 그렇게 사랑스러운 딸인지 궁금할 때가 있다. '전 아버지 보시기에 어떤 사람이에요? 우리 딸처럼 사랑스럽나요?' 묻곤 한다.

자유방임, 방목주의 엄마로서 내가 한 일이라고는 "엄마가 기도해, 엄마는 우리 딸 믿는다, 우리는 하나님이 함께하는 사람들이야, 아빠하고 의논해" 이런 잔소리(?)와 가족 메신저에 자주 말씀과 기도를 올리고 공유하는 것뿐이다. 아이들이 명명한 '공포의 세 마디'는 바로 '내가 주를 사랑하나이다, 항상 기뻐하라 쉬지 말고 기도하라 범사에 감사하라, 내게 능력 주시는 자 안에서 내가 모든 일을 할 수 있느니라'라는 말씀이란다.

방학 때마다 방학 숙제보다 더 강조하며 꼭꼭 시킨 일이 있다. 아이들에게 시편, 잠언, 복음서를 노트에 쓰게 했다. 주일 성수와 방학 때 성경 쓰기만큼은 내 소관이었다. 평생에 쓰일 산교육, 참교육은 바로 '말씀 교육'이다.

딸들은 커 가면서 아빠하고 거리감을 느끼거나 멀어지기도 하는데 우리는 다르다. 내가 주로 "아빠한테 여쭤 봐, 아빠한테 허락받아야 해" 했더니 아빠랑 낚시도 가고 고민도 상담하고 진지한 대화도 많이 한다. 특히 막내는 아빠가 혼자 아침 드시면 안 된다고 졸린 눈으로도 식탁에 마주 앉아 주는 효녀.

나는 자유로워지는 반면 남편은 점점 더 자상하고 가정적인 아빠로 진화하고 있다(결혼은 2인 3각 달리기 아닌가. 서로 어깨를 걸어 짐을 나눠지고 발걸음을 맞춰 주며 푯대를 향해 달리고 있다).

유대인처럼 아침저녁으로 말씀을 암송하며 수시로 묵상하게 하는 쉐마(shema) 교육을 한 셈이다. 아이들은 엄마의 방목 교육이 너무 좋고 자유로웠다고 평가해 준다. TV 보고 싶으면 보고 시험 때도 여행 가도록 내버려 두는 자유가 최고, 최선의 결과를 가져왔다고 말한다.

가끔씩 사모님들이나 엄마들과 상담할 때면 말씀과 기도로 사업(또는 목회)과 자식 농사를 겸하시라고 권면한다. 아이들을 하나님 울타리 안에 놔두는 신앙의 교육이 세상의 교육이나 재산보다 훨씬 월등하고 안전하다고 간증한다.

나는 모태신앙이 아니었고 신앙생활이란 걸 보고 자라지 못 해서 믿음 좋은 부모님을 가진 모태신앙을 제일 부러워하는 사람이다. 그래서 가장 위대한 유산을 꼽으라면 주저 없이 신앙이다. 아이들에게 신앙의 유산을 물려주고 영혼이 잘되도록 기도해 주는 엄마가 되어서 기쁘다.

사실 우리는 열두 번 이사했다. 독립하느라, 망해서 빚 갚느라, 집 줄이느라 메뚜기처럼 자주 옮겨 다녔다. 남편이 어느 날 "빨간 벽돌 집 구경이나 가보자." 했던 집이 지금 살게 된 방배동 주택이다.

지은 지 20년이나 되어 낡기는 했어도 작고 아담한 집 구조와 마당이 첫눈에 마음에 들었다(아파트에 살아 본 적이 없는 나는 워낙 빨간 벽돌로 된 단독주택을 좋아한다. 우리 센터도 그렇다).

"그럼 이 땅은 당신 것, 집은 오래돼서 공짜니까 내 것이에요."

원래 살던 집도 좋았지만 벽돌에 끌려 이사를 갔다.

주인이 이사 가면서 "이 집에서 생수가 나와요." 귀띔해 주었다. 정말인가 하고 수질 검사를 해봤더니 1급 암반수라며 기사도 신기해했다. 서울 한복판에서 지하 생수라니!

또 전 주인이 장롱을 하나 놔두고 갔는데, 선물인지 버린 건지는 모르겠지만 우리가 이사 다니느라 버린 농이랑 비슷했다. 친척과 시누이들이 집들이 와서는 "어, 언니 그 장롱 안 버렸어?" 할 정도로 비슷했고, 단지 나비 문양 대신 새 문양이 새겨진 장롱이었다. 이런 일들을 겪으면서 크게 깨달은 것이 있다.

"너 농 하나 갖고 서울 올라왔지? 그 초심 그대로 지키고 살라고 예비했다."라고 하나님이 말씀하시는 것 같았다.

선교사님께 집을 드렸더니 하나님이 내게 집을 공급하셨다. 내 취향까지도 헤아리시는 섬세한 사랑이 놀라웠다. 구한 것보다 더 내 가정을 채우시고 최고의 덤까지 얹어 주시는 여호와 이레의 하나님께 감사하면서도 이런 좋은 집에 살아도 되나 싶을 정도로 감사하면서 죄송스러운 마음이 있다.

> 그런즉 너희는 먼저 그의 나라와 그의 의를 구하라 그리하면 이 모든 것을 너희에게 더하시리라 (마태복음 6:33)

## 사명, 무릎으로 가는 길

주님이 나를 쓰시는 이유는 약하고 부족해서다. 하나님의 영광이 드러나기 딱 좋은 조건이기 때문이다. 약하고 부족한 자를 택하고 세워서 강한 자를 부끄럽게 하신다.

'오직 무릎'으로 가는 나의 영성 관리법은 이렇다.

1. 토요일은 하나님과 가족과 데이트하기
2. 성경 분기별 1독으로 1년에 총 4독 하기
3. 성경 쓰기와 외우기
4. 외운 말씀으로 묵상하고 기도하기
5. 출근 전 기도, 출근해서 QT와 기도, 퇴근 후 기도

이렇게 함으로 하나님의 세미한 음성에 민감하고 친밀한 영성을 지속하려고 노력했다. '오직 여호와의 율법을 즐거워하여 그 율법을 주야로 묵상하는 자'(시 1:2)가 되기를 간절히 힘썼다.

아울러 하나님의 네 가지 키워드를 믿는다. ① 하나님의 뜻, ② 하나님의 때, ③ 하나님의 방법, ④ 하나님의 능력을 믿고 모든 것은 하나님이 하신다. 성령님이 이끄신다. 그러니 나는 성령 충만

해서 순종하고 헌신하는 종이 되기 위해 노력한다. 이 삶의 자세는 지금도, 앞으로도 꾸준할 것이다.

약할 때 강함 되시는 주님과 밀알이 되어야 할 나의 사명을 다시금 되새겨 본다.

최고의 경제학자, 실수가 없는 CEO, 아이디어 뱅크인 부자 하나님!

**워룸**(전쟁 시 군통수권자와 핵심참모들이 모여 상황을 한눈에 파악하고 작전을 협의하는 곳으로, 기업경영의 전략회의실 또는 위기상황실을 뜻하는 의미로 파생됨)의 무릎으로 지금까지 오게 하심을 감사하고 앞으로도 그 무릎이 펴지지 않기를 기도한다. 주님의 말에 귀 밝고 주님의 일에 눈 밝은 종이기를 소원한다. 내게 자랑할 것이 있다면 굳은살이 박인 낙타무릎과 십자가의 보혈, 아버지의 오래 참으심과 은혜이다. 기회 있을 때마다 이런 하나님을 자랑할 수 있는 것이 가장 큰 기적이다.

하나님은 우리를 항상 지켜보고 계시고 가만히 두지 않으신다. 조용히 우리를 위해 움직이시며 돕기를 원하신다. 우리가 주님께 손을 뻗고 마음을 내기를, 한 발짝 더 다가와 매 순간 함께하기를 원하신다.

자기를 부인하는 '아사주생(我死主生)'의 정신으로 나의 십자가를 지고 주님과 동행하기를 간구한다. 관용과 사랑이 커지는 나 개인의 성장, 성숙, 무엇보다 성화(聖化)를 위해 기도하겠다. 아울러 하나님이 세워 주신 본죽, 본사랑, 본월드미션 삼총사의 다음 사명과 열매를 기대한다.

부지런한 손과 발, 따뜻한 입, 낮은 마음으로 주님과 이웃을 'T(†)he 사랑'하는 사명으로 살기를 소망한다. 절대 평안, 절대 감사, 절대 순종!

새찬송가 370장에 이런 가사가 있다.

주 안에 있는 나에게 딴 근심 있으랴
십자가 밑에 나아가 내 짐을 풀었네
그 두려움이 변하여 내 기도 되었고
전날의 한숨 변하여 내 노래 되었네

주님을 찬송하면서 할렐루야 할렐루야
내 앞길 멀고 험해도 나 주님만 따라가리

주님만을 따라가는 사명의 길, 그 길을 담담히 가보려 한다.

# 또 다른 소통의 창, 시(詩)

부끄러운 시인

# 또 다른 소통의 창, 시(詩)

## 부끄러운 시인

언론 인터뷰 때 종종 시집 얘기를 꺼내게 된다. 1994년에 동시 부문으로 등단하고 현대시문학에도 등단한 후 2005년부터 1년에 한 권씩 시집을 냈다. 어느새 여섯 번째 묵상시집의 출간도 앞두고 있다.

매일같이 본죽 매장을 오픈하고 점주들을 교육하는 일상도 보람 있긴 했지만 어딘가 마음 한 부분은 접힌 채로 사는 것 같았다.

그 알 수 없는 허기가 시를 쓰게 한 것 같다. 출장 때마다 조금씩 떠오르는 시상들을 적으며 나름의 위안과 탈출구로 삼았다. 시는 '나 아직 죽지 않았어. 나 살아 있어' 하며 깃발을 흔드는 기수의 마음 같았다.

『고독한 날의 사색』, 『미루나무 길』(2005), 『사랑의 묘약』(2006), 『속 깊은 편지』(2007), 『내가 두고 온 우산』(2008), 『길 위의 위안』(2009) 다섯 권의 시집은 본죽 사업을 하며 삶에서 얻은 소감을 적은 기록이다. 이 시들을 읽은 점주들이 가끔 "시가 쉽다, 내 마음 같다, 위로가 된다."는 말을 해주는데 이 말을 들을 때마다 뿌듯한 보람을 느꼈다. 『내가 두고 온 우산』에 수록된 '삶이 나에게'는 라디오와 책 등에 인용되면서 제법 알려졌고 2010년에는 임화문학상을 받았다.

한동안 시를 쓰지 못한 때도 있었다. '내 언어로는 그 세계를 다 표현하지 못해. 그 큰 세계가 초라해지거나 축소될지도 몰라.' 하는 두려움과 떨림이 있었기 때문이다.

요즘은 점점 시가 짧아진다. 5~10줄 정도에 직관적 묵상이 함축적으로 담긴다.

'얼마나 더 살면 주님 마음에 일치할 수 있을까, 어떻게 하면 주님의 기대에 부합할 수 있을까' 질문하고 간구하면서 쓴 묵상시집이『간절함』이다.

    시와 시심(詩心)도 내게 주신 즐거운 달란트이므로 죽는 날까지 하나님의 몽당연필로 기꺼이 쓰임 받고 싶다. 시도 강물처럼 혈관을 지나 영혼을 자라게 하니까.

### 간절함

얼마나 살면
얼마나 기다리면
얼마나 가까이 가면 닿을까
옷자락 끝

얼마나 소리치면
얼마나 얼마나 간절하면
연합할 수 있을까
영혼

## 부끄러운 시인

어떤 언어로 그분의 애달픈 사랑을 담을 수 있을까

어떤 시어로 그 사람들의 속 깊은 고독을 써낼 수 있을까

어떤 단어로 그 수많은 인간의 희로애락을 표현할 수 있을까

어떤 단상으로 내 가슴 바닥의 간절함을 건져낼 수 있을까

가난한 무릎으로 그분께 나가면 진리에 닿을 수 있을까

## 엄마가 딸들에게

엄마가 엄마 노릇도 못 하면서
맨날 부탁만 하고 부끄럽고 미안한데
그래도 사랑하니까, 사랑하니까….

우리 딸들 믿음의 딸들로 잘 자라서
세상에 선한 영향력을 미치는 사람들 되었으면 참 좋겠다.
그리고 엄마가 못 해준 많은 것들
이해해 주고 용서해 주고
사랑으로 더 많이
엄마 위해 기도해 주고.

너희를 위해서 기도하는 게 엄마가 해야 될 일이었다면
이제는 너희들이 엄마를 위해서 기도해 주는
좋은 딸들이 되었으면 좋겠고….

엄마는 죽을 때까지
너희를 위해서 기도하는 엄마로 살게.

## 하나님께 드리는 감사 편지

사랑하는 하나님 아버지 감사합니다.
한없이 부족한 사람을 오래 참고 기다려 주셔서 감사합니다.

한때는 제가 참은 줄 알았습니다.
그러나 이제는 압니다.
아버지가 한없는 사랑으로 기다려 주시고
참아 주셨다는 것을요.

그리고 조금만 힘들어도 낙심하고 의심하고
흔들리고 절망하던 저였지요.
조금만 잘되면 흥분하고 교만하고
다 내가 잘했다 자고하던 어리석은 사람이었습니다.

이제는 조금은 알 것 같습니다.
인생의 형통도 곤고도 다 하나님의 본심은
사랑이셨다는 것을요.
그리고 제가 아프면 하나님이 더 아파하셨고

제가 기쁘면 하나님도 한없이 기뻐하셨다는 것도요.

이제는 그 깊고 깊은 사랑을 이해하고

전하는 사람이 되고 싶습니다.

제가 보고 듣고 배우고 받은 사랑을

값없이 거저 받은 그 크고 깊은 사랑을

세상에 나타내고 증거하고

나누고 전하는 사람이 되고 싶습니다.

일희일비하는 신앙에서

뿌리 깊은 신앙인으로 성숙되기를 원합니다.

아버지 하나님은 제게

사랑이 능력임을 알려 주셨습니다.

남은 인생 하나님을 사랑하고 이웃을 사랑하는

하나님의 사람으로 살겠습니다.

아버지 저의 믿음 없음을 도와주소서.

아버지 사랑합니다.

## 오늘 감사하는 것

가볍게 걸을 수 있는 건강 주신 것 감사합니다

막힘없이 사람과 대화할 수 있는

능력 주신 것 감사합니다

사람을 사랑할 수 있는 감성 주신 것 감사합니다

사람을 칭찬할 수 있는

넉넉한 마음 주신 것 감사합니다

작은 것에 기뻐할 수 있는 여유 주신 것 감사합니다

자연의 신비를 보고 감탄할 수 있는

정서 주신 것 감사합니다

맛있는 음식을 먹고 맛을 느낄 수 있는

미각 주신 것 감사합니다

다른 사람의 말을 먼저 들어줄 수 있는

인내 주신 것 감사합니다

다른 사람의 아픔을 같이 아파할 수 있는

사랑 주신 것 감사합니다

고통을 견뎌낼 수 있는

참을성을 주신 것 감사합니다

소망은 이루어진다는 믿음 주신 것 감사합니다

단잠을 이룰 수 있는 평안 주신 것 감사합니다

어려울 때 기도할 수 있는

신앙 주신 것 감사합니다

## 사랑의 우물

흔들림 없이 살 순 없을까?

바라보기만 해도 숨이 막혀오는 사랑

목숨을 대신 내어 주어도 고마운 사랑

오직 그 한 사람에게 인정받기 위해 달려가는 사랑

골수를 주어도 아프지 않은 사랑

모든 것을 다 잃어도 감사한 사랑

말로 형용할 수 없는

그 깊은 사랑 속으로


무의미한 대화처럼 건조한 일상으로

질은 빈약한데

부피만 커다란 선물처럼 섭섭함으로

정리된 원고 뭉치처럼

아깝지만 건질 것 없는 내용으로

깊은 사랑도 살다 보면

누구에게나 그렇게 다가올 수 있음을

상기해야 한다.

먼저 쓰다듬고 어루만지는 것

먼저 진심으로 칭찬하고 격려하는 것

먼저 장점을 찾아주고 인정하는 것

먼저 진정 감사하고 기뻐해 주는 것

먼저 이해하고 같이 아파해 주는 것


당신 가슴속에 묻어 두었던

사랑의 깊은 우물

첫사랑의 설렘으로 퍼 올리는 것

날마다 잊지 말아야 한다.

## 장사익 공연을 보고
— 꽃구경

사람의 목에서 나오는 소리인가
영혼에서 사이다가
터져 나오는 통곡 같다

나는 왜 장사익을 만났을까
결코 서럽지 않은 삶이건만
그를 만나면
기꺼이 터벅터벅 국밥집으로 걸어간다.

아름다운 귀가를 꿈꾸면서
눈물이 콧속으로 흐른다
나는 지금 어디로 가는가

꽃구경 가고 싶은 노모가 눈에 밟혀
목줄기에 핏발이 서게 울음을 삼켰다
업고 갈 노모가

언제까지 기다려 줄 수 있을까

내가 노모가 되면 그 마음을 헤아릴 수 있을까


서러운 꿈

죽음의 온도까지 느끼게 하는 기적의 소리

결국 삶의 희열을 열망하는 소리임을 알았다

목 놓아 울부짖어

간 님을 부르는 것은

아쉬움 때문이 아니라 삶의 애끓는 간절함이라


어차피 인생은

죽음으로 삶으로 꿈으로

슬픈 듯 기쁘고

뛸 듯 기쁜 듯 쓸쓸한 여로라

내 영정 사진을 보듯

첫사랑의 고백을 하듯

### 삶이 나에게

너무 잘하려 하지 말라 하네
이미 살고 있음이 이긴 것이므로


너무 슬퍼하지 말라 하네
삶은 슬픔도 아름다운 기억으로 돌려주므로


너무 고집부리지 말라 하네
사람의 마음과 생각은 늘 변하는 것이므로


너무 욕심 부리지 말라 하네
사람이 살아가는데 그다지 많은 것이 필요치 않으므로


너무 연연해하지 말라 하네
죽을 것 같던 사람이 간 자리에 또 소중한 사람이 오므로


너무 미안해하지 말라 하네
우리 모두는 누구나 실수하는 불완전한 존재이므로

너무 뒤돌아보지 말라 하네

지나간 날보다 앞으로 살날이 더 의미 있으므로

너무 받으려 하지 말라 하네

살다보면 주는 것이 받는 것보다 기쁘므로

너무 조급해하지 말라 하네

천천히 가도 얼마든지 먼저 도착할 수 있으므로

죽도록 온 존재로 사랑하라 하네

우리가 세상에 온 이유는 사랑하기 위함이므로

## 나의 나 된 것은

오랫동안 모르고 살았습니다.
내가 누구인지
내가 어디서 와서 어디로 가는지
인생과 진리가 무엇인지

보기 좋은 것이 좋았고
편한 것이 좋았습니다.
사람들의 시선이 중요했고
사람들의 인기가 좋았습니다.

풍요를 선망했고
성공이 목표였습니다.

나는 이런 사람이었습니다
보잘 것도 없고 건질 것도 없는 사람
허영과 허세 교만과 아집 덩어리
위선과 거짓 껍데기

죄와 허물로 뒤덮인 저를 위해

목숨을 내어 주신 분을 만났습니다

사랑이 능력임을 몸소 보여 주신

섬김의 본이 되신 분


벗겨진 실체 앞에 꺽꺽 울부짖는 나를

부끄럽지 않도록 먼저

사랑으로 허물을 덮어 주시고

일어나라 손을 내미셨습니다.


이제는 타인의 손을 잡고 함께 가려 합니다

길이요 진리요 생명의 길

그분이 열어 놓으신 그 길을 따라

그분이 기다리는 곳으로 함께 갈 것입니다.


아무것도 아닌 내게 친히 찾아오셔서

너는 내 자녀라 이름 불러 주시고

나를 지은 목적을 알려 주셨습니다

이제 그분과 함께 제 길을 기쁘게 갈 것입니다.

## 참 고백 참 은혜

살아 보니
인생의 풍요와 건강도 축복이지만
때론 가난과 고통과 환란과 상처도
귀한 선물임을 깨닫습니다.

그로 인해
신을 찾았고 배웠고 만났기 때문입니다.

그분의 본래의 선한 뜻과 계획에
순응하는 복을 누리게 되었습니다.
그리고 그리 거창하지 않아도
사람을 사랑하고 이해하고

함께 울고 웃는 단순함이
진리에 가깝다는 것도 알게 되었습니다.

평생에 큰일과

감당하지 못할 놀라운 일을 하려고

힘쓰지 아니할 것입니다.

다만 그분 안에서

영혼이 젖 뗀 아이와 같이

고요하고 평온하길 기도합니다.

# 맺는말

## 순종하는 기쁨으로 삽니다

나의 힘이 되신 여호와여 내가 주를 사랑하나이다
(시편 18:1)

　인생의 사계절은 하나님의 시즌 전략이기도 합니다.

　맹렬한 여름, 성숙한 가을이 지나고 추운 겨울로 접어들었네요. 풍성한 수확의 기쁨과 나눔의 은혜를 누리며 또 하나님의 사랑을 전하며 오직 주님의 영광을 위해 남은 삶을 드립니다.

　나의 신앙생활 30년은 좋으신 하나님과 친밀도를 높이는 시간이었습니다. 굿 파트너이신 갓 파트너와 동행하는 동안 내내 어렵고도 재밌고도 놀라웠습니다.

　늘 사랑으로 함께해 주시는 본그룹 식구들, 가맹점 사장님들, 협력사 가족들, 선교사님들, 사역자님들 그리고 소비자분들께 무한한 감사를 드립니다.

　저와 우리 기업처럼 자기 십자가를 지고 쓰임 받고 있는 청지기들에게 주님의 지혜와 축복이 더하기를 간구합니다.

고난의 여정이라 할지라도 거룩한 부담이기에 하나님 바보가 되어 주님 뜻대로 순종하고 일하기를 소망합니다. 하나님 손잡고 걸어가면 모든 것이 가능합니다.

성부의 사랑
성자의 사랑
성령의 사랑이
언제 어디서나 같이하시길 기도합니다!

이제 저는 워룸으로 돌아가 무릎으로 동역하겠습니다.
강건을 빕니다.

샬롬

초판 1쇄 발행 | 2016년 12월 08일
초판 11쇄 발행 | 2023년 04월 24일

지 은 이 | 최복이

발 행 인 | 이영훈
편 집 인 | 김호성
발 행 인 | 교회성장연구소

등록번호 | 제 12-177호
주　　소 | 서울시 영등포구 은행로 59, 4층
전　　화 | 02-2036-7936
팩　　스 | 02-2036-7910
홈페이지 | www.pastor21.net

※ 책 값은 뒤표지에 있습니다.
※ 잘못된 책은 구입하신 곳에서 교환해 드립니다.
※ 이 책은 저작권법에 의해 보호를 받는 저작물이므로 무단 전재 및 무단 복제를 금합니다.

ISBN | 978-89-8304-259-0 03230

"무슨 일을 하든지 마음을 다하여 주께 하듯 하라" 골 3:23

교회성장연구소는 한국 모든 교회가 건강한 교회성장을 이루어 하나님 나라에 영광을 돌리는 일꾼으로 성장하는 것을 목표로, 목회자의 사역은 물론 성도들의 영적 성장을 도울 수 있는 필독서를 출간하고 있다. 주를 섬기는 사명감을 바탕으로 모든 사역의 시작과 끝을 기도로 임하며 사람 중심이 아닌 하나님 중심으로 경영한다. "무슨 일을 하든지 마음을 다하여 주께 하듯 하라"는 말씀을 늘 마음에 새겨 하나님께서 주신 사명을 기쁨으로 감당한다.